동일본대지진과 핵재난 — 와세다 리포트 6

피해지역 아이들의 마음에 다가서기

임상심리학의 시점

혼다 게이코 편저
本田恵子
김정민 옮김

고려대학교출판부
KOREA UNIVERSITY PRESS

被災地の子どもの心に寄り添う: 臨床心理学からのアドバイス
本田恵子 著

머리말

3월 11일 동일본을 엄습한 대지진 재해는 아이들의 마음에 큰 상처를 남겼습니다. 크게 흔들린 후에 엄습해 온 쓰나미津波는 눈앞에서 아버지, 어머니, 친구, 거리를 순식간에 삼켜 버렸습니다. 공포와 분노를 느끼면서도 그 대상이 자연이기에 어떻게 할 수가 없었습니다. 자신들이 태어나고 자란, 자신들을 길러 준 자연이 돌변하여 자신들에게 저지른 일에 그저 순응하지 않을 수 없었습니다.

최근 1년간 필자는 아이들과 그들을 돌보는 주위 분들의 목소리를 들으면서 단계별로 주위의 어른들이 어떻게 대응하는 것이 좋을지, 다음 단계를 진행하려면 어떤 점에 주의해서 준비하면 좋을지에 관해서 함께 생각했습니다.

이 책은 큰 재해를 겪었을 때 아이들의 몸과 마음에 일어나는 현상에 대한 이해를 돕고, 동시에 단계별로 주위의 어른이 아이들에게 어떻게 대응해 나가면 좋은지에 관해서 정리한 것입니다.

아이들의 회복의 키워드는 '자립'과 '자기 관리'입니다. 아이들을 지켜 줘야 하는 것은 당연하지만, 과잉보호는 퇴행 현상을 유발합니다. 중요한 것은 아이들이 각자 자신의 연령대에 맞게 스스로 힘든 상황을 이해하고 극복하는 힘을 길러 가는 것입니다.

이 책의 전반부에서는 일반적으로 일어나는 반응과 그에 따른 응급조치 및 이에 대한 대응력을 기르기 위해서 어떻게 하면 좋을지에 대하여 설명하고 있습니다. 후반부에서는 구체적인 사례를 소개하면서 무슨 일이 일어났던 것인지, 어떻게 대처했더라면 좋았을 것인지에 대한 이해를 심화하고자 합니다. 나아가 사례는 어린이들의 익명성을 지켜 주기 위하여, 그리고 향후 대응 방법을 배우기 위하여 유사한 사례를 모아 일반화하였습니다.

2012년 3월

혼다 게이코本田恵子

차례

제III부 지진 피해 지역의 사례를 통해 배우다
— 유아·초등학생·중학생·고등학생의 마음에 다가서기

제4장 유아의 마음에 다가서기

제5장 초등학생의 마음에 다가서기

제6장 중학생·고등학생의 마음에 다가서기

제 I 부

아이들의 마음을 이해하고 지원하기 위한 실천지식

어른과 교사, 자원봉사자를 위해

제 1 장

재해와 아이들의 SOS

쓰나미에 휩쓸린 센다이 시 와카바야시 구 아라하마 지구(센다이시 시치고 초등학교 제공)

갑작스러운 재해(사고, 사건도 마찬가지임)를 당하면 아이들은 큰 충격을 받고 다양한 SOS를 청합니다. 그 표현 방법은 시기와 연령에 따라 다릅니다. 특히, 유아는 사태를 전체적으로 파악하는 통찰력이 부족하기 때문에 영향을 받기가 쉽습니다. 아이들이 충격을 받은 상황에서 주위의 어른이 조속히 대처하는 방법을 알고 있다면 PTSD(외상 후 스트레스 장애. 제1장, '4. PTSD의 발생 구조와 대응' 참조)를 예방할 수도 있고, 위기 상황에서 빨리 벗어났다는 경험을 통해 아이들도 자신감을 갖게 됩니다.

동일본대지진과 같이 장기에 걸쳐 복구에 필요한 지원을 하기 위해서는 아이들을 무작정 보호받아야 할 대상으로만 생각할 것이 아니라, 자립해서 미래를 향해 나아갈 수 있도록 지도하고 안내하는 것이 중요합니다. 여기에서는 위기에서 회복까지의 긴 과정을 시기별로 3단계로 나누어서 아이들의 반응과 그에 대한 대처법을 살펴보도록 하겠습니다.

1. 시기별 반응과 대처법

심리적으로 느끼는 위기에 대한 대응으로는 제1단계(발생 직후)의 긴급 대응 시기, 제2단계(1-3주간)의 건강을 회복하는 시기, 그리고 제3단계(1개월 이후)의 PTSD에 대해 대응하고 회복하기까지의 장기 대응 시기로 나눕니다.

1) 제1단계(재해 발생 후 1주일간)

이 시기는 물리적인 안전을 확보하고 기본적인 의식주 환경의 안정을 도모하는 시기입니다. 위기에 처한 사람들을 위해서 개입하는 사람들이 가장 먼저 해야 할 것은 '현장에 접근하기', '구체적인 지시를 내리기'입니다. 그렇게 함으로써 피해를 입은 사람들을 안심시키고, 사람들로부터 신뢰를 얻을 수 있기 때문입니다. 불안한 상황에서는 신속하게 혼란을 수습해서 재해 현장이 수습되었다는 감각을 되찾는 일이 대단히 중요합니다.

긴급사태가 소강상태에 접어들면, 우선 물리적으로 안정된 장소와 심리적으로 안정을 취할 수 있는 공간을 마련합니다. 피해가 심할 경우에는 피해 현장이 보이지 않는 장소로 아이들을 이동시키고, 지금 무슨 일이 일어났으며, 어떻게 대처해야 할지를 구체적으로 설명해서 아이들을 안심시킵니다. 또 아이들이 무엇을 해야 할지를 구체적으로 지시해야 합니다.

후술하겠습니다만 아이들에게 나타나는 스트레스 반응은 다양합니다. 동일본대지진에서는 물소리나 물 그 자체를 두려워하거나, 미미한 흔들림에도 과잉 반응을 보이거나, 엄마에게 매달리거나 잠을 못 이루는 등등의 다양한 반응을 보였습니다. 다음과 같은 급성 스트레스 증상[1]도 나타나며, 악몽에 신음하면서 '물이 밀려온다'며 울부짖는 아이, 어두운 곳에 혼자 못 가는 아이, 감정이 얼어붙어 입을 다문 아이, 오히려 반동으로 지나치게 활발하게 활동하는 아이들도 있었습니다.

2) 제2단계(재해 발생 후 1주일 후-3주 후까지)

이 단계는 일상생활의 페이스pace를 조절하고 건강을 회복하는 시기입니다.

재해 발생 후 일주일 정도 지나면 통상적으로 의식은 조금씩 안정을 되찾게 됩니다. 그러나 동일본대지진의 경우에는 피난소 운영이 궤도에 오를 때까지 한 달 가까이 걸리는 곳도 있었습니다. 왜냐하면, 운영 지원을 하는 시정촌市町村의 직원, 소방대원들이 피해를

1 급성 스트레스 증상이란, 정신장애 진단에 관한 통계 매뉴얼(DSM-IV-TR)에 의하면, 심한 스트레스를 받은 후의 ① 재체험flashback, ② 회피와 반응 마비(무서운 곳에 가까이 가는 것을 극단적으로 두려워한다, 아무것도 못 느끼게 된다), ③ 심한 불안이나 각성항진(잠을 못 잔다, 사소한 자극에 과잉 반응을 보인다, 극도로 경계한다 등)이라고 규정되어 있습니다.

입고 사망한 경우가 많은 데다가, 학교와 보육원같이 사람들이 모이는 장소는 재해 발생 시 피난소로 지정되어 있지 않아서 비축물품이 없는데도 불구하고 많은 사람들이 이곳으로 몰려왔기 때문입니다. 그래도 충분하지는 않지만 식료품이나 의료품, 방한용품 등은 전국 각지로부터 물자지원을 받을 수 있었습니다. 그러나 주거환경면에서는, 피난소에서 임시 주택으로 전원이 이동할 수 있을 때까지는 9개월 정도의 시간이 필요합니다.

이 시기에 대응해야 할 과제는 세 가지로 정리될 수 있습니다. ①공부, 놀이, 돕기 등 규칙적인 생활을 할 수 있는 환경을 조성할 것, ②벌어진 일에 대해서 애써 알아내려고 하면 안 되지만 아이가 하는 얘기에 대해서는 한번에 한 가지 일로 압축해서 이야기를 들어줍시다. ③ 아이가 구체적으로 할 수 있는 일은 함께 합니다. 이 시기는 심한 충격을 받은 후이기 때문에 아이들의 마음이 얼어붙은 상태이므로 조금씩 건강을 회복할 수 있도록 해 주는 것이 중요합니다. 아이의 건강이 충분히 회복되면 아픈 경험에 대하여 스스로 대처할 용기와 힘이 생기기 때문입니다.

이 기간에 필자가 만난 유아와 초등학생들은 자신의 체험을 그림으로 그리기도 하고, 지진 놀이, 쓰나미 놀이를 하기도 하면서 이를 극복하려고 노력했습니다. 이것은 아이들이 아픈 경험을 말로 표현하는 능력이 미숙하기 때문에 행동으로 보여 준 것입니다. 1주일쯤 지났을 때에는 새까맣고 빙글빙글 도는 소용돌이를 반복해서 그리기도 하고, 무엇인가를 그리고는 '없어져 버렸네'라고 중얼거리며 그림 위에다가 진흙색으로 칠해 버리는 아이도 있었습니다. 2주째가 되자 피난소 안에서 중학생이나 고등학생이 유아와 함께 놀아 주기도 하고, 자원봉사자가 늘어나서 부모님들도 아이들과 함께 지낼 수 있는 시간이 늘어났습니다. 그리고 이때부터 아이들은 표정이 안정되고 부모 곁을 떠나서도 놀 수 있게 되었습니다. 종업식을 하기 위해서 학교에 모일 수도 있게 되고, 친구들과 다시 만나서 활력과 웃음을 되찾은 초등학생도 있었습니다.

지진 후 1개월 가까이 지난 4월 7일에 강한 여진이 있었습니다. 이때는 조금 안정을 찾게 된 아이들이 일시적으로 지진 당시와 같은 반응을 보였습니다. 한편 지금까지 감정을 겉으로 드러내기를 자제했던 아이들이 여진을 계기로 조금씩 감정과 반응을 보이는 경우도 있었습니다. 4월 하순에는 학교가 시작되어 일상적인 생활로 돌아왔지만 새로운 생활에 대한 새로운 불안으로 보육원과 유치원에 가기를 꺼려하는 아이도 생기고, 복통, 두통과 같은 신체 증상을 보이는 아이도 있었습니다.

3) 제3단계(1개월 후부터 장기적으로 보살핌)

통상적으로는 재해 발생 후 1개월 정도가 지나면 새로운 생활기반을 마련하기 위한 지원이 시작됩니다. 이 시기는 긴급한 위기상황은 지나갔음을 확인하고, 앞으로의 생활에 대해 계획을 하는 기간입니다. 피해 정도에 따라 수개월 내에 복구가 가능한 장소도 있고, 수십년 단위로 복구 계획을 세워야 할 곳도 있습니다. 동일본대지진의 경우 연안부는 쓰나미로 거의 파멸 상태가 되었고, 지반침하로 인해 거주 허가 구역이 제한되었습니다. 후쿠시마福島에서는 원전 사고의 피해로 인하여 부득이 대규모 이전 계획을 세워야 했습니다. 제2단계를 거쳐 분노를 충분히 표출할 수 있게 되면 현실을 받아들일 수 있는 인내심이 생기지만, 가족이 여전히 행방불명 상태이거나, 임시주택이 부족했기 때문에, 이번 지진에서의 제3단계는 3-5개월 후에 임시주택에 입주하고 나서야 비로소 시작되었습니다.

제3단계는 일상적으로 생활할 시간과 사건·사고·지진 피해를 생각할 시간을 나누어, 무리하게 슬픈 일은 잊어버리라고 억압하지 말고, 자연스럽게 '애도 작업grief work'〔죽은 사람과 이별하고 슬픔을 치유하는 작업〕(제1장, '5. 침울 증상에 대한 이해와 대응' 참조)를 할 수 있도록 유도합니다.

이 시기에는 회복의 기미가 보이기 시작한 아이들과, 그렇지 않은 아이들로 나뉩니다. 또 지진 피해의 정도에 따라서 회복 정도도 다르게 나타났습니다. 쓰나미로 집과 가족을 잃은 아이들이 느끼는 슬픔과 분노의 정도는 심해서, 일단 분노가 폭발하면 멈출 수 없다는 사실을 아이들은 알고 있는 것일까요. 표면상으로는 평소와 다름없이 생활을 아이들도 있습니다. 보호자와 학교가 충분히 보살피고, 제1단계, 제2단계에서 적절하게 대응을 한 아이들은 순조롭게 회복해서 일상생활로 돌아올 수 있었습니다.

여기서는 특별한 반응을 나타낸 아이들의 특징과 그에 따른 대응책에 대해서 알려 주겠습니다. 지나치게 들뜬 행동과, 방 안에 틀어박혀 있는 것으로 반응은 양극화되지만, 쌍방 모두 PTSD와 새로운 생활에 대한 적응 장애로 볼 수 있습니다.

후쿠시마福島에 살고 있는 유아의 경우 눈에 보이지 않는 방사능 피해에 대한 엄마의 불안이 아이들에게도 전해져서, 밤중에 우는 아이, 오줌 싸는 아이, 엄마 곁을 떠나려 하지 않는 아이, 불안을 호소하는 아이도 있었으며, 불안해서 다른 아이의 장난감을 뺏거나 울음을 터뜨리는 아이도 있습니다.

초등학생과 중학생은 피난소가 자신이 다니던 학교의 체육관인 경우에는 생활 리듬을 구별하기 어렵고, 어디서 긴장을 풀어야 좋을지 몰라서 피곤해 하는 아이도 있었습니다. 임시주택에서 멀리 떨어진 학교까지 버스로 통학해야 할 경우에는 생활 리듬이 바뀔 뿐만 아니라, 왕복할 때마다 보기 싫어도 산더미같이 쌓인 파편 조각을 봐야 했기 때문에, 플래시백flashback을 일으키는 것이 괴로워서 지진에 대해서 의식적으로 생각하지 않으려고 하는 아이도 있었습니다.

임시주택 내에서도 서로 잘 알지 못하는 사람들과 함께 지내야 하기 때문에 가족도 아이도 신경이 예민했습니다. 집 밖으로 나가려 하지 않거나, 도회지의 학교에 다니게 되자, 집에 돌아오려 하지 않는 학생도 생겼습니다. 특히, 이전부터 컨디션이 좋지 않은 아이나 학생들이 등교를 거부하거나, 지금까지 스트레스를 받아온 아이와 학생들은 초초해하거나 짜증을 내기도 했습니다.

또한 학교나 집에서 난폭한 행동을 보이기 시작한 시기였습니다. 가족이나 친구를 잃은 아이와 학생들의 긴장이 풀려서 기분이 침울해진다든가, 학습이나 동아리 활동에 있어서도 전반적으로 기력이 저하되는 시기이기도 했습니다.

2. 아이들의 스트레스 반응

1) 아이들의 스트레스 반응과 응급처치

아이들은 충격이나 사건, 사고를 겪게 되면 말로 표현하는 대신에 신체나 행동으로 표현하게 됩니다. 일반적인 스트레스 반응 및 그에 따른 응급처치를 소개하겠습니다. 증상이 특히 심하거나 몇 주간 지속되는 경우에는 반드시 전문기관(의사, 심리상담실 등)에 상담해 주세요.

- 통증 : 두통, 복통, 근육통, 손발 경련 등.
· 몸의 긴장을 풀어 줍시다(마사지, 따뜻한 수건으로 몸을 덥혀 주기, 심호흡 등).
· 아이가 침착해질 수 있는 행동을 함께 합시다(그림책 읽기, 놀이, 음악 듣기, 산책 등).

- 식욕 : 식욕부진, 구역질, 구토, 소화불량 등.
· 구역질을 유발하는 대상이나 먹고 싶어 하지 않는 것은 주지 않도록 합니다.
· 수분은 충분히 섭취할 수 있도록 해 주세요.
· 구역질이 멈추면 소화하기 쉬운 것을 조금씩 주세요.
· 구토가 심할 때는 반드시 의료기관의 진찰을 받으세요.

- 수면 : 혼자서 못 잠. 밤중에 깸, 무서운 꿈을 꿈, 소리침 등.
· 옆에서 같이 자거나, 잠들 때까지 그림책을 읽는 등 안심시켜 주세요.

· 어둠을 무서워할 경우는, 전기를 약하게 켜 주세요(너무 밝으면 잠들지 못하는 경우가 있습니다).

- 배설 : 오줌싸기, 변비, 설사 등.
· 몸의 긴장을 풀어주세요.
· 오줌을 쌌을 때 처리하는 방법을 가르쳐 주세요.
· 설사가 심할 때는 반드시 의료기관의 진찰을 받으세요.

- 충동적으로 변한다 : 침착하지 못하다, 말을 계속한다, 갑자기 무언가를 시작한다.
- 공격적으로 변한다 : 주의가 산만해진다, 금방 포기한다 등.
· 주위의 자극을 줄이거나, 차분해질 수 있는 장소에 데리고 가세요.
· 지금 하고 있는 행동을 언제까지, 어디까지 할 것인지 구체적인 계획을 세웁니다. 시간이 다 되면 멈추도록 합니다.

- 틀어박혀 있기 : 사람과 만나고 싶지 않음, 집착이 심해짐.
· 억지로 강요하지 않습니다. 일상생활의 페이스를 조절하고 만날 사람과 장소를 미리 알려 주어서 안심시켜 줍니다.
· 여기까지는 해도 된다는 한계를 정합니다.

- 부모로부터 떨어지려 하지 않음 : 달라붙는다, 부모가 외출하는 것을 두려워한다.
· 자연스러운 반응이므로 안아주거나 시선을 맞추어서 이야기를 하는 등 안심시켜 주세요.
· 무리하게 떼어 놓으려 하지 말고, 아이에게 도와 달라고 하는 등, 함께 활동하세요.
· 외출할 때에는 연락처나 귀가 시간 등을 알려 주세요.

- 감정의 기복이 심함 : 갑자기 화를 내거나, 울거나, 신나서 들뜬다.

· 흥분했을 때는 자극의 원인이 되는 것(사진, TV, 공부 도구, 주위 사람 등)을 보지 못하도록 해 주세요.

· 느긋하게 응석을 받아 주세요. '왜 그러니?', '힘든 것 같구나' 등.

· 상태가 조금 진정되면, 기분전환이 될 만한 일을 함께 하면서 페이스메이커가 되어 주세요.

· 흥분 상태가 30분 이상 지속되면 전문가와 상담하세요. 흥분이 계속되면 아이에게 큰 부담을 줍니다.

- 기분이 가라앉음 : 무력감이나 슬픔, 죄악감 등에 사로잡힌다.

· 억지로 격려하지는 말아 주세요.

· 평소대로 대해 주세요. 일상생활의 페이스는 유지하도록 해 주세요.

· 죄악감에 대해 아이가 스스로 이야기를 한다면, 가만히 듣고, 지금 함께 할 수 있는 일을 해 주세요.

- 느낌이 없음 : 멍하니 있거나, 실감이 나지 않는다.

· 일상생활의 페이스는 유지하고, 아이에게 도와 달라고 하는 등 신체를 움직일 수 있도록 합니다.

· 아버지나 어머니에게 걱정 끼치지 않으려고 참고 있는 경우에는 느끼는 대로 기분을 자연스럽게 표현해도 된다고 알려 주세요.

2) 취학 전의 유아부터 초등학교 2학년생의 스트레스 반응과 응급처치

이 나이 때 아이들은 반응을 말뿐만이 아니라 다양한 행동으로 표현합니다. '말'을 '연상'하거나, 자신 안의 답답함을 '형태'로 나타내는 능력이 발달되지 않았기 때문입니다. 일시적(수일에서 수 주간)인 퇴행 현상(손가락을 빤다, 어둠을 무서워한다, 혼자가 되는 것을 두려워한다, 잠자리에서 오줌을 싼다 등)은 이상한 일이 아닙니다. 아직 사건에 대한 가족의 반응(불안, 긴장, 애써 괜찮은 척하는 등)이 스트레스가 되는 경우가 있습니다. 대부분 가족이나, 주위 분들이 안정된 상태에서 자녀분을 이해하고 지탱해 주는 것으로 해결됩니다.

– 무력감을 보이거나, 소극적이 된다 : 멍하니 있거나, 매사에 관여하려 하지 않는 모습.
· 옆에서 편안함, 안도감을 주세요. 같이 놀거나 아이가 좋아하는 그림책을 읽거나 하면 기분이 진정됩니다.

– 늘 무서워한다 : 무엇이 무서운지 알 수 없으나, 항상 불안해하고 두려워한다.
· 어른이 제대로 보호해 준다는 느낌을 주면서 안심시켜 주세요. 예를 들어 '괜찮아'라며 안아 준다든가 손을 잡는 등의 신체 접촉 및 수호대용품을 줌으로써 안정되는 경우도 있습니다.

– 무엇이 일어나고 있는지 혼란스러워 한다 : 위험이 사라졌다는 사실을 이해하지 못한다.
· 이제 위험한 상황은 지나갔다는 사실을 구체적으로 보여 줍니다. 아이를 혼란시키는 TV 영상이나 사진은 보여 주지 않습니다(과거의 영상을 반복해서 보도하는 TV를 보면 현실과 과거를 구별하지 못하게 됩니다).

– 왜 초조한지 자신도 모른다.
· 초조해하는 것은 무서운 체험을 한 후의 자연스러운 반응임을 설명하고 안심시켜 주세요. 초조함을 가라앉히고 대응할 수 있다는 사실을 알려 주세요(예: '무언가를 하지 않으면 안 될 것 같은 느

낌이 들지, 그럼 같이 방청소를 하자' 등).

- 말이 안 나온다 : 무언가 호소를 하고 있지만, 횡설수설한다
· 아이가 전하고자 하는 것을 이해해 주세요(예: '말하고 싶은 것은 이런 것일까?'라고 대변해 줍니다).

- 괴로운 추억에 마법을 걸려고 한다 : 무서운 체험을 한 장소를 마법으로 바꾸어 달라고 한다(내일이 되면 집이 원래대로 돌아왔다 등).
· 무서운 체험은 끝났음을 전해 주세요. 그 장소나 물건(교사, 공원 등)이 이제 안전하다, 다시 복구되고 있다는 것을 구체적으로 보여 주세요.

- 잠을 잘 못 잔다 : 악몽, 자는 것이 두렵다, 혼자되는 것이 두렵다.
· 옆에서 같이 자거나 꼭 안아 주거나, 그림책을 읽어 주는 등 구체적으로 안심시켜 주세요.

- 불안해서 부모로부터 떨어지려 하지 않음.
· 항상 소중하게 생각하고 있음을 알려 주고, 구체적으로 안심할 수 있도록(몇 시에 학교에 데리러 올지, 부재중에 보살펴 주는 사람은 누구인지 알려 주는 등)해 주세요.

- 퇴행 증상 : 손가락을 빤다, 오줌을 싼다, 잘 알아들을 수 없는 말투.
· 일반적인 현상이므로 무리하게 야단치지 말고 우선 안심할 수 있는 환경을 만들어 주세요(예: 마음에 드는 인형을 옆에 두는 등, 평소와 같은 생활 패턴이 돌아오면 안정을 찾게 될 것입니다).

- 죽음에 대해 제대로 이해하지 못하는 것으로부터 오는 불안을 호소한다 : 환생하는 것은 아닐까, 죽은 사람이 되돌아온다는 환상을 품

는다.

· 장례식이나 기일과 같은 의식에 참여해 돌아가셨다는 것을 천천히라도 좋으니, 이해할 수 있도록 해 주세요.

3) 초등학교 3학년생부터 5학년생의 스트레스 반응과 응급처치

이 나이 대의 어린이가 스트레스를 받으면 불안이나 공포 반응이 주를 이룹니다. 그러나 저학년의 아이와는 달리 공포가 좀더 현실적인 내용을 가지게 됩니다. 불안이나 공포의 결과, 초조함, 분노, 말을 듣지 않는 등의 행동이나 구역질, 복통, 두통 등의 증상, 불면, 악몽을 호소하는 경우를 자주 볼 수 있습니다. 또한, 성적 저하, 장기 등교 거부 등 학교와 관련된 문제도 나타나는 경우도 생깁니다. 자립심이 생겨가고 있는 도중이므로 '자신의 행동'을 스스로 통제할 수 있을지 없을지가 회복의 실마리가 됩니다.

- 책임감과 죄악감 : 무언가를 할 때나 행사에서 자신의 행동에 대해서만 신경을 쓴다.

· 어떤 행사나 일에서 자신의 역할이 무엇인지를 이해할 수 있도록 도움을 주고, 안심시켜 주세요(예: '지금은 여기까지 할 수 있으면 잘한 거야').

- 괴로운 추억(물건)에서 유발된 특별한 두려움이 있다.

· 무엇이 괴로운가에 초점을 두고, 그 괴로움을 조금이라도 줄이기 위해 지금 할 수 있는 것을 구체적으로 생각해 줍시다. 그저 '괜찮아'라고 말해 줘도 이 나이 대의 아이들은 속인다고 생각해 버립니다.

- 반복해서 사건의 이야기를 하거나 행위를 반복한다.
· 당시 자신의 행동이 옳았던 것인지 아닌지 모를 경우에 잘 일어납니다.
· 이야기를 제대로 듣고, 아이가 무엇을 전하고 싶은가를 이해해 줍시다. 또한, 갑작스러운 사고나 사건을 당했을 경우에는 그 아이가 한 행동은 자연스러운 것이라고 느끼게 해 주세요. 안정되고 나면, 이 다음 번에 비슷한 경험을 하게 됐을 때 구체적으로 어떻게 하면 좋을지를 알려 줍시다.

- 감정에 휩싸이는 것에 대한 두려움을 호소한다 : 갑자기 울고 싶어지거나, 화를 내거나 한다.
· 마음이 흔들리는 것은 자연스러운 현상이라고 알려 줘서 안심시켜 주세요. 공포, 분노, 슬픔을 받아들여 주세요.

- 집중력이 결여되거나, 학습 의욕이 감퇴된다.
· 무언가의 생각이나 감정이 생겨나기 시작해서 공부에 방해를 받는다면 교사나 어른에게 도움을 구해도 된다고 알려 줍니다. 잠시 그 장소를 벗어나거나, 휴식을 취하면 차분해집니다. 수업이나 공부는 집중력이 유지되는 한도에서 잠시 멈추도록 하고, 기분전환을 한 후 다시 공부를 계속할 수 있도록 해 주세요.

- 잠이 안 온다, 잠버릇이 나빠진다 : 악몽, 혼자 자는 것에 대한 공포.
· 혼자서 자는 것이 무서운 경우에는 곁에서 같이 자 주세요. 또한, 악몽을 꾼 경우에는 어떤 꿈을 꿨는지를 듣고, 왜 그런 무서운 꿈을 꾸는지를 설명해 주세요(예: '마음이 공포와 싸워서 힘내고 있는 거니까, 응원해 줄게').

- 자기 자신, 그리고 다른 사람의 안전이 걱정된다 : 안부 정보나 메일로 확인하고 싶어진다.
- ·걱정거리를 함께 나누세요. 걱정되는 일에 대한 현실적인 정보와 대응 방법을 알려 주고 안심시켜 주세요.

- 행동이 뒤죽박죽되거나 오래가지 못한다 : 갑자기 엉뚱한 행동을 시작한다.
- ·자신의 충동을 조절하는 방법을 가르쳐 주세요(예: 행동하기 전에, 무엇을 얼마 동안 하고 싶은지를 말로 해 보도록 합니다).

- 신체적인 증상이 나타난다 : 발열, 두통, 복통, 구역질, 현기증, 떨림 등.
- ·몸도 열심히 맞서 싸우고 있는 것임을 알려 주고 먼저 신체적인 증상에 대처합니다(이완, 마사지, 심할 때는 진통제를 먹이는 등). 증상이 완화되면 재해에 대한 생각을 해결해 갑니다.

- 자신의 불안을 부모에게 알리기를 망설인다 : 부모님도 애쓰고 계시니까 부모님께 폐를 끼치면 안 된다고 생각한다.
- ·아이에게 슬쩍 '왜 그러니?'라고 물어보거나, 이럴 때는 응석을 부려도 괜찮다고 말해 줍니다(예: '이 시간에는 이야기를 들어줄 수 있으니까 괜찮아' 등).
- ·부모가 피곤을 느낄 때에는 먼저 부모 자신의 기분을 누군가와 이야기해서 여유를 찾읍시다. 부모가 안정되어 있으면 아이도 안심하고 어리광을 부릴 수 있게 됩니다.

- 다른 희생자나 그 가족의 일을 걱정한다.
- ·희생자나 돌아가신 분을 위해 할 수 있는 행동을 함께 생각해 봅시다(예: 꽃을 바치거나 기도를 하는 등).

- 죽음에 직면한 슬픔이나 충격으로부터 자기 자신의 반응에 혼란스러워하고, 유령 등에 두려움을 느낀다.

· 감정을 받아 주세요(예: '깜짝 놀랐겠구나', '무서웠겠구나' 등). 그런 다음에 재미있었던 때, 좋았던 때의 추억을 되살려 괴로운 기억을 이겨내는 힘을 길러 가도록 합니다.

4) 초등학교 6학년 이상·중학생·고등학생의 스트레스 반응과 응급처치

이 나이 대의 아이는 스트레스를 받으면 좀더 복잡한 증상을 보입니다. 은둔형 외톨이, 억울함, 자살 기도, 비행, 신체적 증상 등이 자주 보이는 증상입니다. 또한, 마음의 상처가 자립이나 주체성의 확립에 영향을 주는 경우도 있습니다. 집단 내에서의 자신의 입지를 신경 쓰게 되기 때문에 '나는 괜찮다'며 애써 무리를 하기도 하고, 예전에 할 수 있었던 일을 갑자기 못하게 되자 불안해지는 등 크게 동요하게 됩니다. 논리적으로 생각할 수 있는 시기이므로 응급처치를 하고 안정된 후에는 구체적인 문제해결을 위한 대응책에 대해 함께 생각합니다. 교우관계나 친구들의 도움이 회복하는 데 중요합니다.

- 고립, 부끄러움, 죄의식이 있다 : 자신이 아무것도 할 수 없었다는 사실, 늘 말했었던 일을 못하게 되었다 등.

· 재해에 대한 자신의 생각이나 감정을 정리하고(분했다, 놀랐다 등), 그때 자신이 무엇을 할 수 있었는가를 현실적으로 이해할 수 있도록 해 주세요. 앞으로 자신이 무엇을 할 수 있는지에 대해서 함께 생각하고 실천할 수 있도록 합시다.

- 자신의 두려움, 무력감을 지나치게 의식한다 : 이런 식으로 겁을 내는 것은 이상하다며 겁쟁이로 낙인찍히는 것은 아닐까 하는 두려움을 갖는다.
- ·충격적인 사건을 당했을 때에는 당연한 반응인 것이라고 알려 줌과 동시에 주위 사람에게는 자신을 평소대로 대해 달라고 부탁하도록 합니다.

- 괴로움을 표현하기 위해 갑자기 떠들어 대거나, 여러 가지 행동을 보이기도 한다.
- ·'진정이 안 되나 보구나'라며 괴로움을 받아 줍시다. 그 다음에 그 괴로움이 말이 아닌 몸이 반응한 결과임을 이해시키고, 구체적인 대응책을 함께 생각합니다.

- 자기파괴적인 행위, 자살, 자신을 상처 입히는 행위를 시도한다.
- ·괴로운 감정을 받아들입니다. 어떤 때에 충동적인 감정이 드는지를 정리하고, 괴로울 때에는 도움을 구하도록 전달해 주세요.
- ·조기에 전문가에게 상담합시다.

- 대인관계가 딱딱해진다.
- ·가족이나 동료와 어떤 관계로 있고 싶은지에 대해서 얘기해 보세요(예: '아빠는 이렇게 해 줬으면 좋겠어. 너는 지금 아빠가 어떻게 해주었으면 좋겠니?' 등).

- 복수를 하려고 한다 : 사건 사고를 일으킨 상대에게 복수하고 싶어진다.
- ·복수에 대한 현실적인 계획을 제거하세요. 그 행위를 할 경우에 자신이 어떻게 되는지에 대해서 현실적으로 생각하게 하고, 감정을 정리하기 위해서 대신할 수 있는 행동을 함께 생각하세요.

· 조기에 전문가에게 상담합시다.

– 자신이 누구인지 정체성을 흔들리게 하는 행동의 변화가 있다.
· 재해, 사건, 사고와 자신의 태도의 변화를 연결 짓습니다(그림을 보고 나서 자신의 능력에 불안을 느끼게 된 것이므로, '그 그림을 어떻게 할지를 생각하면 된단다' 등).

– 행동이 뒤죽박죽이거나 오래가지 못 한다: 갑자기 엉뚱한 행동을 시작한다.
· 자신의 충동을 조절하는 방법을 가르쳐 주세요(예: 행동하기 전에 무엇을 어느 정도까지 하고 싶은지를 말로 하게 합니다).

– 마음의 준비가 되지 않은 상태에서 어른으로 돌입한다 : 재해로 인해 부모님이 돌아가셨다거나, 경제기반이 바뀌어 당장 취직을 하지 않으면 안 되는 등.
· 슬프고 괴롭다고 해서 성급하게 결단을 내리지 말고 차분히 생각하도록 격려해 주세요(장학금, 보장제도 등, 다양한 방법을 구체적으로 제시해 주세요).

3. 마음의 상처가 치유되기까지의 과정

마음의 상처가 치유될 때까지 대부분의 아이들은 아래와 같이 6단계를 거쳐 갑니다.

모든 단계를 모든 아이가 체험하는 것은 아니며 건너뛰기도 하므로 참고해 주시기 바랍니다.

아이들이 지진 후 6개월에서 9개월쯤부터 6단계 중 제4단계인

'침울' 단계에 와 있는 모습을 볼 수 있었습니다. 이 단계에는 지진 재해 이전부터 있었던 미해결 상태의 문제가 부상하기 때문에, 하나를 해결해도 납득하지 못하고 '그렇지만…', '음… 그걸로 괜찮은 걸까', '그때는 이랬던 게 아닐까'와 같은 이야기를 반복하는 경우가 있습니다. 다음 단계인 재생으로 나아가기 위해서는 이 단계에서 '부모나 주위의 선생님들과 상담을 하면 새로운 해결법을 찾을 수 있다'는 신뢰감을 가질 수 있도록 도와주는 것이 중요합니다. 그러기 위한 방법을 말씀드리겠습니다.

1) 제1단계 : 충격

물리적으로 상처를 입었을 때와 마찬가지로 한동안은 아픔이 느껴지지 않는 시간이 있습니다. 한창 충격을 받았을 때는 냉정하게 판단하기가 어렵기 때문에 대부분의 사람들은 반사적인 행동을 합니다. 평소에 피난 훈련을 통해 몸에 익숙해진 경우에는 냉정하게 대응할 수 있지만, 처음에는 패닉 상태가 되고, 무슨 일이 생긴 것인지도 모르는 채 충격이 가라앉기만을 기다리게 됩니다. 이 시기의 충격은 오감에 관련된 자극(냄새, 손의 감촉, 영상, 목소리, 맛 등)과 감정이 추후에 나타나는 PTSD의 원인이 되기 쉽다고들 합니다.

대응 충격이 자연스러운 반응임을 알려 주고 자신이 할 수 있었던 일에 관심을 가지도록 합니다. 이런 반응은 당연한 것이라고 알려 주고, 두려움, 불안, 놀람 등을 받아 주세요. 같은 말을 반복할 경우에는, 그렇게 함으로써 극복하려고 하고 있는 것이기 때문에 '그래, 무서웠겠구나', '넌 살아남았어'라며 아이가 해낸 일에 초점을 둘 수 있도록 해 줍니다.

2) 제2단계 : 부인

충격이 사라지면 서서히 두려움이나 아픔, 자신이 한 행동에 대한 분함 등이 머리에 떠오릅니다. '이건 거짓이야', '이럴 리가 없어'라고 현실을 부정함으로써 마음의 안정을 유지하려고 합니다. 가까운 사람의 죽음을 받아들이기 힘들거나, 자고 일어났더니 마을이 원래대로 돌아와 있는 꿈을 꾸거나 '원래 나는 이런 행동을 할 수 있었을 텐데'라며, 당시의 자신의 행동을 인정하지 못하게 되기도 합니다.

대응 기분은 받아 주고, 현실을 직시할 수 있도록 도와주세요. 부인을 인정해 버리면, 환상의 세계에 빠질 수 있으므로, 기분을 받아 주되 '거짓말이었으면 좋았을 텐데 말이야. 그렇게 생각하고 싶은 마음 잘 알아'라고 전하며 현실로 돌려놔 주세요. 그리고 '함께 극복해 나가자'라고 현실을 직시할 수 있도록 도와주세요.

3) 제3단계 : 범인 찾기

다음 단계에서는 점점 화가 나기 시작합니다. '이런 생각을 하게 만든 건 누구야'라며 분노를 터뜨릴 대상을 찾게 됩니다. 학교에서 착한 아이인 척 연기를 하고, 가정 내에서 부모나 자신의 물건 등에 화풀이 하는 경우도 있습니다. 겉으로 표현하지 않을 경우에는 신체화, 행동화, 자해 등을 시작하는 경우도 있습니다. 이번 대지진 재해의 경우는 상대가 자연이므로, 분노를 터뜨릴 상대가 없기 때문에, 범인 찾기는 복구를 주도하고 있는 행정 직원이나 선생님과 같은 '권위'의 상징이 되는 사람을 향하는 경우가 늘어납니다. 상대가 학교인 경우에는 수업의 진행 방식이나, 학급 운영, 자신의 상담에 대한 학교 측의 대응 태도 등에 대한 불만으로 표출되는 경우가 있을 수 있습니다.

대응 적절한 표현 방법을 가르쳐 줍시다. 분노는 재생을 위한 소중한 에너지가 됩니다. 적절하게 표현할 수 있도록 방향성을 설정해 주세요. 불평하는 아이가 있으면 '그렇구나' 하고 수긍한 뒤에 '네가 장래 이 사람의 입장에 섰다면 어떻게 하고 싶니?' 라고 긍정적인 방향으로 이끌어 주세요. 분노의 대상이 다른 방향(대신할 사람이나 물건)을 향하고 있을 때는 그것을 지적할 것이 아니라, 먼저 분노 그 자체를 받아 주세요. 그 다음에 본인이 전하고자 하는 말에 차분히 귀를 기울이세요. 감정이 받아들여지면 무엇을 누구에게 전하고 싶었는지를 객관적으로 볼 수 있게 됩니다. 그렇게 되면 문제 해결을 위해 구체적으로 의논을 해 주세요.

4) 제4단계 : 침울함

에너지를 다 소진하고 나면 깊은 슬픔, 상실감이 엄습합니다. 상처를 치유하고 에너지를 비축하기 위해 필요한 시간입니다. 공부에 대한 의욕이 떨어지거나, 활동적이었던 아이가 피로를 호소하기도 하고 한숨이 늘어나기도 합니다.

대응 잠시 거리를 두고 지켜봅시다. 스스로 일어설 힘을 믿고 기다립니다. 주위 분들은 평소대로 생활을 해 주세요. 본인에게도 신경 쓰지 않고, 평소대로 말을 겁니다. '너를 돕고 싶어 하는 사람이 여기 있어, 너는 혼자가 아니야'라는 메시지를 보내기 위해서입니다. 침울해져 있는 사람을 지켜보는 것은 주변사람에게도 힘든 일이므로 슬픔의 소용돌이에 말려들지 않도록 해야 할 것입니다. 먼저, 조금 거리를 두고 지켜보는 자세를 취해 주세요. 너무 다가가면 자신이 견딜 수 없어져, 격려를 하게 되거나, 무리하게 앞으로 밀어내려고 해 버리기 때문입니다. 아이들은 놀라울 정도의 재생력을 가지고 있습니다. 어른이 그런 힘을 믿고 있으면 발휘하므로 '이 아이는 어떻게 되는 건 아닐까' 하고 불안한 눈으로 보고 있으면 말 그대로 됩니다. 어른들의 불안을 자신의 것으로 생각하기 쉽기 때문입니다. 너무 신경을 쓰면 그것이 부담이 되어 오히려 관계를 끊어버리는 경우도 있습니다.

5) 제5단계 : 재생을 위한 모색

재생할 때 아이들은 지금까지의 자신의 요소를 조금 다른 형태로 구성해 갑니다. 어딘가 모르게 행동이 어색해 보이기도 하지만 본인 나름대로 고민을 하고 있는 때입니다. 뼈가 부러진 후에 받는 재활 치료를 상상해 보세요. 빠른 사람은 3개월 정도이지만, 대개는 회복하는 데 1년은 걸립니다.

대응 아이가 어떻게 하고 싶은지를 잘 들어주고, 서포터가 되어 주세요. 또한, 아이들이 잘한 일과 그 사실을 알려줍니다. 재생의 이미지는 본인의 안에 막연하게 존재합니다. 만화나 게임의 등장인물일 수도 있고, 부모님일 수도 있으며, 선생님이나 친구일 수도 있습니다. 아무렇지 않은 대화 속에 롤모델이 등장할 것이므로 귀를 잘 기울여 어떻게 되고 싶은지를 함께 상상해 보세요.

6) 제6단계 : 새로운 생활에 적응하기

가족의 일과 주거환경의 변화, 전학, 통학, 학교 환경의 변화 등 이전과는 다른 환경 속에서 진취적으로 살아갈 방법을 모색하는 시기입니다. 이제까지 해 온 방식이 통하지 않아서 짜증을 낼 수도 있을 것이며, 새로운 방법을 찾아낼 수도 있습니다.

대응 페이스메이커가 되어 주세요. 편하게 상담할 수 있는 상대, 긍정적인 생각을 할 수 있도록 도와주세요. 아이들이 새로운 시대를 만들어 가기 위한 새로운 기술을 적극적으로 배울 수 있도록 해 주세요.

4. PTSD의 발생 구조와 대응

1) PTSD란

마음의 외상 체험은 예상하지 못한 사건, 사고, 재해 등을 당했을 경우에 생겨나는 것입니다. 대부분의 경우는 시간이 지나면 좋아집니다. 재해를 겪은 후 대체로 1개월 이내에 생겼다 안정되는 것을 급성 스트레스 장애라고 부르고, 1개월보다 후에 증상이 나타나서 그것이 장기에 걸쳐 계속되는 것을 PTSD(Post Traumatic Stress Disorder, 외상 후 스트레스 장애)라고 부릅니다.

어른은 '자아'라고 불리는 현실 검토 기능이 있기 때문에 일상생활에서 겪는 여러 가지 자극에 대해서 적절하게 대응할 수 있습니다. 그러나 갑작스러운 사고나 재해를 겪게 되면, 자기 통제력을 초월하는 폭력적, 침입적인 자극을 받게 되면, 대응을 못하게 됩니다. 이때 받은 상처가 '트라우마'(심정 외상)가 됩니다. 자아가 발달되지 않은 아이(인지력이 저하된 노인도)는 심적 외상을 더 크게 받을 수 있습니다. 회복을 도와주기 위해서는 주위의 어른들이 물리적인 안전과 안정감을 주고, 구체적으로 대응하는 것이 중요합니다.

2) PTSD의 증상

PTSD의 증상은 다양하게 나타납니다. 특히, 어린이의 경우에는 충격을 받은 현장에서 '무엇이 일어났는지'를 객관적으로 바라보는 힘이 덜 발달된 상태이기 때문에 개개인이 갖고 있는 이미지나 신체감각과 같은 주관적인 정보와 함께 충격을 내포하고 있어, PTSD의 증상은 충격을 받았을 때 각각의 아이들이 느낀 체험과 함께 나타나게 됩니다. 악몽, 플래시백, 두통, 복통, 메스꺼움 등 다양한 신체 증상이 있습니다.

이번 재해의 경우에는 지진이 일어난 지 1개월쯤부터 많은 사람들에게 플래시백 증상이 나타났습니다. 어른에게 많았던 증상은 밤이 되면 '도와줘, 도와줘'라고 외치면서 떠내려 가는 사람들의 목소리가 들리거나 얼굴이 떠오른다거나 죽은 가족의 유체가 점점 하얗게 변해 가는 모습을 보거나 뺨의 차가운 감각이 온몸을 스친다는 것들이었습니다.

그림 1. PTSD의 발생 메커니즘

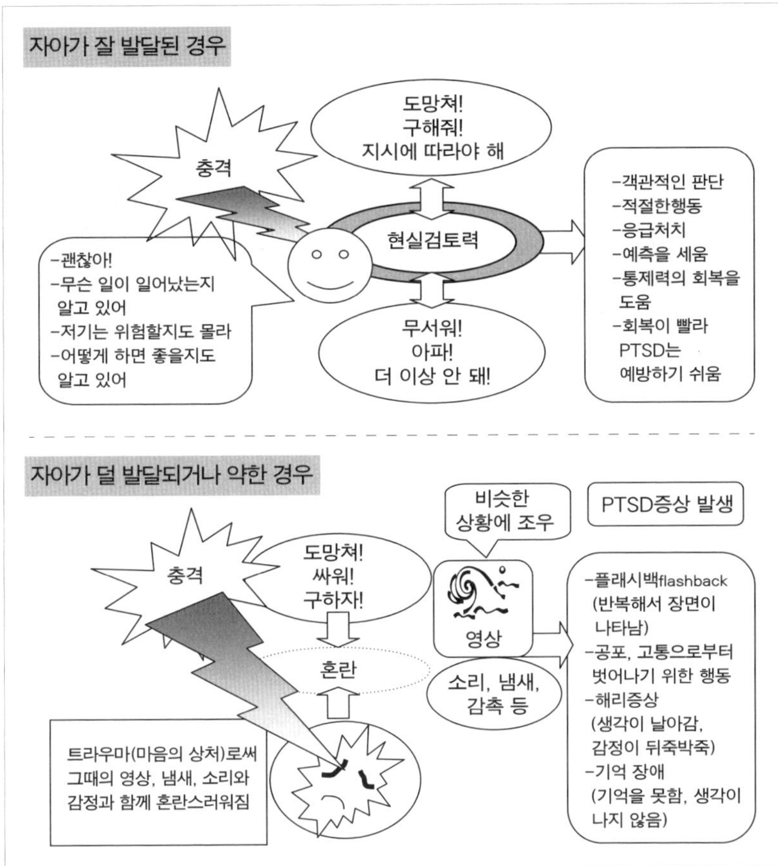

구역질이나 두통을 호소한 분들 중에는 유체를 수색하거나 이재민을 구했던 소방대원과 자원자들이 많았습니다. 아이들에게는 급성 스트레스 증상이 며칠 후부터 나타나는 경우가 많았고, 조기에 조치를 취한 아이들은 회복도 빨랐던 것 같습니다. 한편, PTSD는 가족이나 친구와의 사별의 유무에 따라 나타나는 증상이 다른

것 같습니다. 죽음을 눈앞에서 체험한 아이에게서는 사실을 기억으로부터 떼어 내려고 하는 '해리' 증상이 나타났고, 가족에 대해 한마디도 하지 않으려고 하거나 집 근처에는 절대로 가지 않으려고 하는 아이도 있었습니다.

'정신장애의 진단과 통계'(DSM-IV-TR)라는 매뉴얼에는 'A: 체험과 강한 공포심, B: 재체험의 정도(플래시백 등), C: 도피 상태, D: 해리 상태, E: 각성 상태 이상'이라는 5개 항목이 열거되어 있습니다. 아이의 경우에는 먼저 C의 도피 상태의 정도를 자세하게 체크합니다. 또한, 심적 외상을 받았을 때 해리 증상을 나타내던 아이들의 PTSD는 심각합니다. 나중에 인격 장애를 비롯한 각종 정신병이나 비행, 범죄를 일으킬 확률이 높다는 보고가 있기 때문입니다.

A: 체험　체험은 재해와 같은 충격적인 사건의 체험, 목격 여부 등을 말합니다. 여기에는 직접적인 피해자와 우연히 목격한 사람도 포함됩니다. 텔레비전으로 광경을 보고 있던 사람도 대상이 됩니다.

B: 재체험의 정도　재체험에는 플래시백과 악몽이 있습니다. 플래시백이란 환각, 환청을 포함해, 충격적인 사건이 재현되어 보이는 것입니다. 생각하고 싶지 않은데도 마음속에서 몇 번이나 상상을 하게 되는 경우도 있습니다, 또한, 마치 사건이 재현되고 있는 듯한 행동을 하는 경우도 있습니다. 악몽에는 이미 일어난 일을 생생하게 재현하는 것과, 악몽을 꿨지만 내용은 기억하지 못하는 경우도 있습니다.

C: 도피　도피란 사건이나 재해가 일어나지 않았다고 생각하고 싶어 하는 증상입니다. 재해와 같은 사건에 대해 생각하거나, 사건을 떠올리게 하는 장소나 사람을 피하는 소극적인 것부터, 기억을 지워 버리는 해리 증상, 반동 형성적으로 '아무것도 무섭지 않다'는 식으로 행동하려고 하는 경우도 있습니다. 또한, 기억 자체를 지우려는 경우도 있습니다. 도피의 정도가 심하면 일에 대한 흥미를 잃거나 장래에 대한 희망을 잃게 되어 자신은 금방 죽어 버릴 것이라는 생각을 갖게 됩니다.

D: 해리　해리 증상이랑 자신이 무엇인가로부터 격리되어 있는 것처럼 느끼는 증상입니다. 마음이 움직이지 않는 느낌, 현실에서는 집이나 학교에 있지만 가족과 학교와는 격리된 듯한 느낌, 친구와의 대화가 공중에 떠 있는 느낌이 든다고 하는 증상입니다.

E: 각성 상태의 항진　각성 상태란 신경의 흥분 상태를 말하는 것으로 흥분이 지속되어 잠을 못 이룬다, 자다 깬다, 신경이 곤두서서 화를 낸다, 집중할 수 없다, 과도한 경계심을 갖는다, 미미한 소리에 소스라치게 놀란다 등의 증상들이 있습니다.

3) PTSD에의 대응의 방법

PTSD는 2단계로 나누어집니다. 제1단계는 '응급처치', 제2단계는 일상생활을 보낼 수 있게 된 이후의 '트라우마에 직면하기와 면접' 입니다.

(1) 제1단계 : 응급처치

심적 외상은 상처와 마찬가지로 외상 체험 직후에 응급처치를 함으로써 그 이후에 나타나는 PTSD 증상을 완화시킬 수 있습니다. 기본은 '안도감'을 주는 것과 '자아 통제력'을 되찾는 것입니다. 직접적인 원인을 없애거나 자극량을 줄여서 외상을 입기 전의 심리적 안정감을 되찾는 것이 목표입니다. 예를 들면 걱정하는 친구로부터 걸려 온 전화를 다른 사람에게 받게 한다든가, 사건을 보도하는 텔레비전 방송을 보지 않는 것 등이 이에 해당됩니다.

(2) 제2단계 : 트라우마에 직면하기와 면접

이 단계는 고도의 전문지식과 기술이 필요하므로, 반드시 전문가와 상담할 필요가 있습니다.

PTSD 증상이 나타나기 시작한 경우에는, 제2단계로써, 심적 외상을 도우미와 함께 다시 돌아보는 작업을 통해, 주관적인 경험을 통해 생긴 다양한 감정들, 신체감각, 영상 등으로부터 마음을 해방시키기 위한 면접을 실시합니다.

'무슨 일이 생겼는지'를 인식하고, '무엇이 무서웠는지'를 알게 되면, '이제부터 이렇게 하면 대응할 수 있겠다'는 자기효력감을 되찾을 수 있습니다. 단, 직시한다고 하는 것은 플래시백을 일으키는 것과 같으므로, 당시의 감정에 직면하기 위한 용기와 도우미와의 신뢰관계가 필요합니다. PTSD 증상이 심할 경우에는, 긴급대응으로써 이 면접을 실시할 필요가 있지만, 응급처치를 해서 이미 일상적인 생활이 가능한 경우에는 무리하게 실시할 필요가 없습니다. 충분히 회복되고, 본인이 희망할 때 면접을 실시해 주세요. 또한, 이 면접은 구조화된 심리치료실에서 실시하고, 안전망safety net(면접 후에 본인이 불안을 느낄 경우에, 가족이나 학교에서 대응할 수 있는 환경)을 마련해 놓을 필요가 있습니다.

5. 침울 증상에 대한 이해와 대응

큰 슬픔을 겪었을 때에는 몸도 마음도 깊은 상처를 받습니다. 이별의 작업에는 상당한 에너지를 필요로 하기 때문에, 한동안 몸도 마음도 가라앉는 것은 당연합니다. 이 시기에 충분히 자신의 슬픔을 직면하고 자기 자신을 위해서, 잃어버린 것을 위해서 여러 가지 생각을 표현할 수 있다면 회복단계로 들어가기 쉽습니다만, 슬픔을 감추게 되면 나중에 영향이 나타나게 됩니다. 먼저, 침울 증상의 유형부터 설명하겠습니다.

1) 침울 증상의 유형

(1) 상실 체험으로 인한 침울함

소중한 물건이나 사람을 잃었을 때의 '상실감'으로 인해 마음에 구멍이 생기는 체험입니다. 자신의 기분을 받아 줄 것이 없다는 사실에 불안해집니다. 이번 대지진의 경우 복구하는 데 시간이 걸려서, 파괴된 마을이나 거리를 매일 보면서 지내야 합니다. 대개는 풍경을 보고 당일부터 조금씩 회복되어 가는 모습을 볼 수 있습니다만, 상실 체험이 심한 사람은 눈앞의 풍경을 보면서 무의식적으로 과거의 풍경과 비교하게 됩니다. 그 결과 '원래는 여기 있었는데'라며 크게 낙담하기 쉽습니다.

(2) 적응장애로 인한 침울함

적응장애로 인한 침울함은 소중한 것을 잃은 후에 그것을 대체할 무언가를 찾지만, 잘 채워지지 않는 데서 오는 위화감에서 생깁니다. 예를 들면, 오래 살아 정이 든 곳에서의 생활 습관대로 이전한 곳에서 생활하는데도 어딘가 불편하고, 전에 다니던 학교에서 즐겼던 놀이를 새로운 학교에서 해 보아도 즐겁지 않고, 죽은 가족을 대신해서 요리를 해도 맛이 다르게 느껴지는 일은 당연한 것입니다.

'애도 작업'이 제대로 이루어지지 않으면, 예전에 갖고 있던 것을 놓고 싶지 않기 때문에 새로운 환경에서도 무리하게 예전에 사용하던 물건을 사용하자고 고집을 피우게 됩니다. 억지로 맞추려고 해도 잘 되지도 않고, 자신을 받아 주지 않으면 기분이 가라앉습니다.

(3) 과도한 긴장과 과로로 인한 침울함

과도한 긴장이 이어지거나, 만성적인 수면부족이 계속 되어, 목이나 어깨도 뻣뻣하고, 과로로 '더 이상 사람들한테 줄 게 없다'는 생각에 심신이 나른해집니다. 피로를 회복하는 데까지도 시간이 걸리거나, 몸을 움직여야 하는데 생각대로 움직여지지 않거나, 두뇌회전이 잘 되지 않는 등의 초조함이 늘어나면 한층 더 침울해집니다.

어린이를 대상으로 조사한 데이터는 아닙니다만, 대지진 후 11월에 미야기 현宮城県에서 현 내의 전 교직원에게 건강조사를 한 결과, 응답률은 25%였습니다. 그중 45.5%는 '피로가 누적되어 있다'고 대답했습니다. 12.2%의 교직원은 가벼운 우울증을, 7%는 중상의 우울증을 호소했습니다 .

2) 대응

그렇다면, 침울함이 시작되면 자기 자신 또는 주위의 사람은 어떻게 대응하면 좋을까요. 자신이 할 수 있는 것과, 주위에서 조심해야 할 것을 나누어서 서술하도록 하겠습니다.

(1) 자신이 할 수 있는 것

자신이 조심해야 할 것으로는 다음의 네 가지가 있습니다.

① 기분을 모니터링하고, 정기적으로 누군가와 이야기를 한다(전문가가 좋다).
② 그날 할 수 있는 일을 할 수 있는 만큼만 한다(지금보다 앞으로의 일에 초점을 맞춘다).
③ 자신이 해낸 일에 눈을 돌리도록 한다.
④ 침울함이 심할 때는, 의료기관에 어떤 약이 좋은지 상담을 받아 본다.

먼저, 전날과 비교해서 자신의 기분이 어떤지를 관찰해 봅니다. 차이가 클 때는 긴장된다든가 신경 쓰이는 일이 있을 경우가 많으므로, 신경 쓰이는 일에 대한 구체적인 대응책을 누군가와 함께 생각합니다. 초조하면 쉬는 것 자체가 괴롭기 때문에, 그날 해야 할 일을 할 수 있는 만큼만 하는 것도 중요합니다. 또한, 침울할 때는 '할 수 없었던 일'에만 주목해 버리는 경향이 있으므로 '할 수 있었던 일'에 초점을 둘 수 있도록 합니다. 구체적으로 할 수 있었던 일들을 기록해 두어서, 조금씩이지만 자신이 앞으로 나아가고 있음을 눈으로 확인할 수 있어 안심하게 됩니다. 침울할 때는 무리하지 말고 안정을 취하는 것이 중요하지만, 우울 증세가 심해지거나 장기간 지속될 경우에는 반드시 의료기관에 상담해 주세요.

(2) 주위에서 조심해야 할 것

주위가 조심해야 할 것들로는 네가지가 있습니다. ①침울할 때는 기분을 받아준다. 옆에서 가만히 이야기를 들어주는 것만으로도 조금 편해집니다. ②규칙적인 생활을 할 수 있도록 주위 환경을 만들어 준다. 소화가 잘 되는 음식을 먹거나, 빨래를 해서 기분이 상쾌해질 수 있도록 하는 일부터 시작해서, 식사, 운동, 대화를 비슷한 페이스로 할 수 있도록 합니다. ③평소대로 대한다. 억지로 신경을 쓰거나 애쓰지 않는다. 침울할 때는 주위에서 신경을 써주면 더 부담이 됩니다. 평소와 다름없이 말을 걸어 주세요. 바로 답하지 않을 수도 있겠습니다만 어떻게 대답할지 생각하는데 시간이 걸리는 걸 수도 있으므로 초조해 하지 말고 지켜봐 주세요. ④부정적인 감정을 드러내지 않도록 배려한다. 주위 사람들이 부정적으로 생각하는 것도 자신의 탓이라고 생각하는 경향이 있을 수 있으므로, 부정적인 생각이 들 때에는먼저 자신이 침착해지고 나서 상대방을 대하도록 해 주세요.

3) 회복 과정 : 애도 작업

아무리 깊은 슬픔도 차차 회복됩니다. 상실 체험으로부터 회복하려면 '애도 작업'이 필수적입니다. 여기에서는 애도 작업에 대해서 설명하겠습니다.

(1) 잃어버린 것이 무엇인지를 이해한다.

상실 체험은 물건보다도 그것과 관련된 '감각'이나 '생각'을 '두 번

다시 얻을 수 없다'고 느끼는 데서 생겨납니다. 따라서 회복을 위해서는, '자신에게 그것이 무엇을 의미했었는지'를 이해하는 것이 중요합니다. 예를 들면, 집을 잃은 경우 집은 그 사람에게 '안심할 수 있는 장소', '선조로부터 물려받은 재산', '자신이 일한 증거'였을 것입니다. 아이를 잃은 경우에는 아이는 '온기나 기쁨의 상징', '무조건적으로 사랑한 대상', '책임졌던 대상'이었을 것입니다. 부모를 잃어버린 아이에게 부모는 '지켜 주는 존재', '맛있는 밥을 지어 주는 사람', '갈 길을 알려 주는 사람'이었을 것입니다. 슬픔이 조금 진정되어 '이젠 더 이상 없구나', '만날 수 없구나'라는 생각이 들 때 떠오르는 것이 무엇인지를 천천히 알아 갑시다.

(2) 잃어버린 것에 대한 애도 작업을 충분히 한다

애도 작업은은 이별의 작업입니다. 잃어버린 것에 대한 여러 가지 생각과 이별하는 의식을 행하는 것으로, 기억에 '뚜껑'을 덮습니다. 예를 들면, 돌아가신 분에게 전하고 싶었던 말을 해 보거나, 해 주고 싶었던 일을 하면서, 슬픔이나 분함, 죄송스러움, 즐거웠던 기억 등을 누군가와 함께 이야기합니다. 이것은 돌아가신 분과의 추억을 떠올려도 괜찮은 상태로 해서 상자에 넣는 작업입니다. 이 작업을 하지 않으면 함께 걸었던 길이나 같이 갔었던 슈퍼에는 가고 싶지 않게 됩니다. 애도 작업에서는 직시할 수 없는 기억을 가두려고 하는 것과는 다릅니다. 보고 싶을 때는 상자의 뚜껑을 열어서 볼 수 있도록 하기 위한 중요한 과정입니다. 애도 작업이 충분히 이루어지면 돌아가신 분의 생일이나 기념일, 돌아가신 날에 그분을 알고 있던 사람과 추억을 떠올리면서 자신이 앞으로 나아가고 있음을 확인할 수 있습니다.

(3) 자신 안에 정착되어 있는 것에 주목한다

애도 작업이 이루어졌다면, 잃은 것과 자신과의 관계를 통해서 자신 안에 남겨진 것을 알아 갑니다. 어머니가 전해 준 말이나 요리법, 아버지의 유머, 할아버지와 할머니가 소중히 일구어 오신 농사 등, 눈에 보이든 안 보이든 자신이 물려받은 것은 분명 많이 있습니다. 그 사람들의 역할을 자신이 대신하고 있다고 해서 잃어버린 것과의 관계가 없어지는 것은 아닙니다. 실직한 경우에도 그 일을 하면서 얻었던 자신감, 누군가를 위해서 일한다는 충실감 등 자신 안에 정착되어 있는 것들을 발견하게 될 것입니다. 그것과 마찬가지입니다. 발견을 했다면 그것을 어떻게 키워나갈지를 생각합시다. 그대로 둘 것인지, 조금 바꿔서 활용할 것인지를 말입니다.

(4) 새롭게 창출해 내는 것이 자신 안에 있다는 마음을 기른다

자신 안에 재생을 위한 '씨앗'을 발견했다면, 그것을 어떻게 키워 가느냐를 생각합니다. 예를 들면 새로운 집을 어디에 지을 것인가, 새로운 가족의 형태(밸런스)를 어떻게 만들어 나갈 것인가, 무엇을 남기고, 무엇을 바꿀 것인가, 새로운 일을 어떻게 해 나갈 것인가 등을 하나하나 스스로 설계도를 만들어 갑니다.

(5) 한 발짝 나아가면 거기서 안정될 때까지 기다린다

앞으로 나아갈 때에는 상당한 에너지가 필요하다는 점을 이해해 주세요. 한 발짝 나아가면, 그 반동으로 한 번은 침울해지는 것도 당연하다고 받아들입시다. 동요가 멈추면 또 한 발짝 내딛게 될 것입니다. 세 발짝 나아가서, 두 발짝 물러선다는 생각으로 나아가세요.

제 2 장 위기를 극복하는 힘 기르기

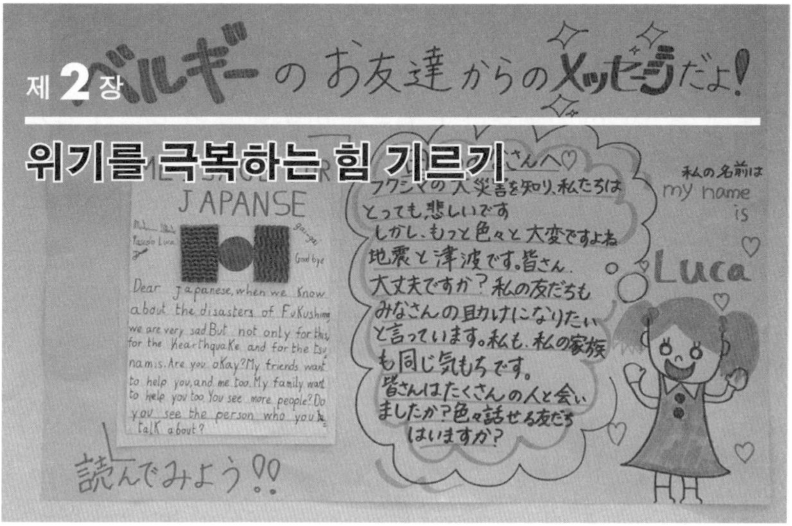

벨기에에서 보내 온 메시지(센다이 시 시치고 초등학교 제공)

1. 현실 검토력 키우기

어린아이들이 어른보다 재해 후에 더 다양한 증상을 보이는 것은 현실 검토력이라고 불리는 인지능력 및 문제 해결 능력도 발달되지 않았기 때문입니다. 예를 들면 자신의 상처에 대한 응급처치 방법도 잘 모르는 경우가 그렇습니다. 주위 사람들이 할 수 있는 일은 응급처치를 한 후, 아이들이 스스로 치유하는 힘을 키워 가도록 돕는 것입니다. 지나친 보살핌은 아이들을 어린아이 상태로 되돌려 자신감을 잃게 하고 자립 시기를 늦춥니다.

현실 검토력이 덜 발달된 경우는 앞에 놓인 것만이 현실이라고 생각합니다. 보이지 않는 곳을 상상하거나 전체상을 파악하는 능력이 부족합니다. 또, 시간적으로 앞으로의 일을 내다보기는 힘듭니다. 또한, 눈앞에 놓인 상황이 변할 수 있다고 생각하지 못하기 때문에 즐거운 일은 계속되고, 괴로운 일은 바꿀 수 없다고 생각합니다.

현실 검토력이 부족하면, 상황에 압도되어 무력해지기 쉽고, 일시적인 대응만 가능하여 선수를 빼앗기기 쉬운 반면에, 눈앞의 상황이 수습되면 괜찮다고 여기기 때문에, 주위에 좌지우지되기 쉽습니다. 반대로, 현실 검토력이 어느 정도 길러지면, 다음과 같이 객관적으로 사태를 바라볼 수 있게 됩니다.

① 사태를 전체적으로 파악할 수 있다(전체상을 파악한다).
② 과거의 기억이나 지식을 관련지을 수 있다(과거에 잘했던 경험을 응용할 수 있다).
③ 나누어서 생각할 수 있다(자신이 할 수 있는 부분을 나눌 수 있다).
④ 우선순위를 정할 수 있다(할 일을 정리하고 계획을 세우기 쉬워진다).
⑤ 눈앞에 놓인 정보를 근거로 예측할 수 있다(예방할 수 있다).

2. 적절한 행동력 키우기

현실 검토력이 길러지면 다음에 필요한 것은 적절한 행동력입니다. 여기에는 ① 문제 해결 및 대처법을 한 개 이상 알아두기, ② 임기응변으로 행동 고르기, ③ 행동하면서 생각하기(동시에 여러 가지 일을 처리할 수 있는 힘)가 필요합니다.

이번 재해로 쓰나미가 덮쳤을 때 스스로 판단해서 피난 장소를 이동해 가면서 쓰나미를 피한 초등학생들이 있었습니다. 주변에 있던 어른들도 그 아이들을 따라 고지대로 이동했다고 합니다. 아이들은 하굣길에 지금까지 경험한 적이 없었던 큰 지진을 경험했습니다. '보통 일이 아니다'라고 상황을 파악함과 동시에, '지진이 일어난 후에는 쓰나미가 온다'는 가르침을 떠올렸습니다. 아이들은 일단 가까운 피난소로 지정된, 산 중턱에 있는 공민관으로 갔습니다만, 이때 '동생과 엄마가 집에 있다'며 집으로 달려간 여자아이는 집으로 향하던 도중에 쓰나미에 휩쓸려 목숨을 잃었습니다. 한편, 도로에서 아래의 개천을 내려다보며 '안 되겠다! 더 위로 가야지, 여기는 위험해'라고 느낀 남자아이가 소리치며 달리기 시작했습니다. 그 모습을 보고, 다른 아이들과 피난소에 있던 어른들도 달리기 시작했습니다. 산 위까지 간신히 올랐을 때에는 아까 있었던 공민관 쪽으로 쓰나미가 밀려오는 광경이 보였다고 합니다.

3. 시치고 초등학교에서 발휘된 현실 검토력과 행동력

현실 검토력과 행동력은 어린이들만의 문제가 아닙니다. 어른들이 '예상 밖'의 일에 부딪혔을 때에도 그 중요함을 알 수 있습니다. 이번 재해에서는 '예상 밖'의 일이 많이 있었습니다. 학교에 비치되어 있었던 지진 대비 대응 매뉴얼도 도움이 되지 않았다고 합니다. 그 이전에 매뉴얼을 읽을 여유조차 없었던 것입니다. 정전이 되어 정보가 끊어진 상태에서, 피난을 갈지 말지, 피난소와 수단(도보, 차, 학교 버스 등), 피난소까지 가는 경로 등에 대한 지시를 기다리고 있는 상태였기 때문에 미처 대피하지 못한 공장, 보육원, 유치원, 학교들도 있습니다.

신속하게 적절한 행동과 판단을 내린 곳에서는 그 이후의 피난소를 운영하는 데 있어서도, 임시주택으로 이전할 때에도 여러 가지 방법을 서로 제시하며 협의하고, 해결해 나가는 힘을 보여 주었다고 합니다. 다음은 재빠른 상황판단과 행동력으로 지진 재해의 위기를 극복했다는 센다이 시仙台市와 카바야시 구若林区 시립 시치고七郷 초등학교(교장 요네쿠라 기요사치米倉清幸 씨)가 취한 대처법을 소개하겠습니다.

지진이 일어났을 때, 시치고 초등학교에서는 하굣길 지도를 하고 있던 중이었습니다. 담임선생님은 교실에서 아이들의 안전을 확보하고, 비는 시간에는 선생님이 교실을 순찰하고, 담임선생님과 아이들에게 말을 걸고, 흔들림이 멈추자 교정으로 피난시켰습니다.

교정에서는 이미 보호자와 지역 주민이 피신해 와 있었고, 보호자를 학년별로 정리하는 사람, 교직원실에서 명부를 꺼내는 사람, 주민을 정리하는 사람 등, 임기응변으로 담당자를 정해서 활동하기 시작했습니다.

눈이 내리기 시작했기 때문에 일단 체육관으로 이동했던 찰나에, 정보를 수집하고 있었던 자위대의 헬리콥터가 '쓰나미가 오고 있다'는 사실을 알려 주고 갔습니다. 선생님들은 '체육관은 위험하다'고 판단해서 학교건물 3층으로 이동하고, 창문으로 쓰나미가 보이자 보호자와 아이들, 주민들을 4층으로 유도했습니다.

인근의 아라하마荒浜 지구는 주택지와 송림이 떠내려 가 엄청난 피해가 있었습니다만, 동부도로가 제방 역할을 해 주었기 때문에, 도로보다도 내륙에 위치하고 있는 시치고 초등학교에는 쓰나미가 밀려오지 않았습니다. 그러나, 이 사이에도 교정에는 계속해서 주민들이 차로 피난을 왔습니다. 교정을 정리하는 담당 교원을 지정하고, 서둘러 사람들을 교내로 대피시켜야 했습니다. 정전된 상태였기 때문에 밤에도 전기는 들어오지 않았습니다. 식료품과 방한용구도 충분하지 않았습니다. 교장을 중심으로 신속하게 역할을 분담하고, 명부를 만들고, 체육관, 주차장, 식사, 물자 관리 등의 역할을 분담하는 지시가 내려왔습니다.

시치고 초등학교에서 취한 방법은 가능한 한 지구별로 교실로 대피하도록 한 것입니다. 신속히 정보를 모으고, 쓰나미 피해가 심해서 집에 못 가는 사람들은 체육관으로 가도록 하고, 교실에는 피해가 비교적 적은 지구의 주민들을 초町별로 나누었다고 합니다. 금세 모든 교실이 피난 온 사람들로 가득 찼습니다. 각 방마다 사람들의 명부를 만들고, 각 교실과 직원실 앞에 붙였습니다. 이때쯤부터 안부를 확인하는 전화가 계속해서 왔다고 합니다. 직원들과 주민 등 자발적으로 도와주는 분들이 피난소 운영에 협조해 주시는 가운데 선생님들은 분주하게 움직였다고 합니다.

정전이 되었지만 중부전력이 전원차를 보내 주었기 때문에 3월

13일 19시에는 일부 전력이 공급되었습니다. 그때 안전 확인용 명부를 컴퓨터로 작성해서 안부 전화에 대한 문의에 대응했습니다.

이후에 피난자의 자치조직(실장회)이나 상담실, 구호실(의료팀 상주 장소)을 학교 주도로 결정했습니다. 실장회에서는 교실의 실장을 주민들이 선출하도록 하여 정보를 전달하거나 물자 배포 시 협조를 구했다고 합니다.

이후에 1개월간 학교와 행정이 협력해서 피난소를 운영했다고 합니다. 피난소는 장기간에 걸쳐 운영될 예정이었으나, 4월 7일에 발생한 여진으로 인해 체육관이 위험해져서 4월 17일에 폐쇄되었다고 합니다. 이 사이에도 3월 28일에는 아이들이 등교를 했었고, 4월 19일에는 시업식이 있었습니다. 이동 대상이 된 교원은 4월 6일

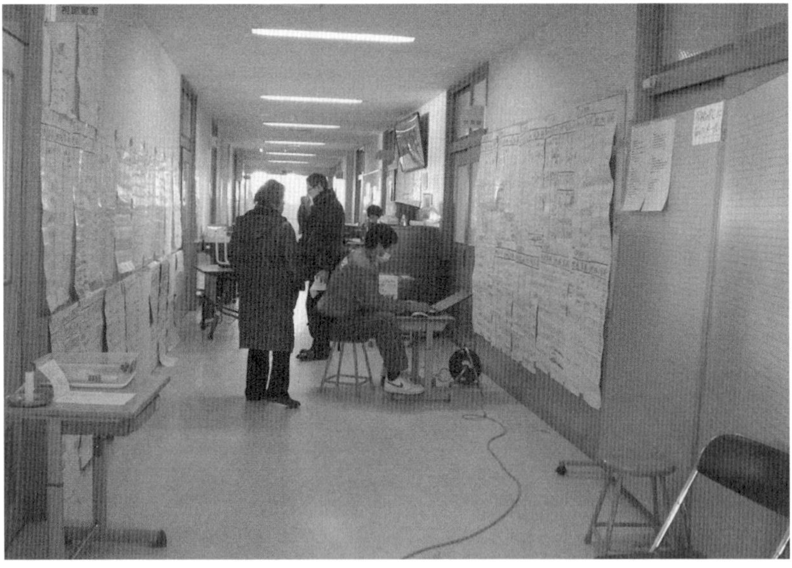

복도에 설치한 안부 확인과 정보수집용 컴퓨터(센다이 시 시치고 초등학교 제공)

까지 겸무를 했습니다.

신학기가 시작되자 아이들의 마음을 위로하기 위해 설문조사를 하고 대응하기 시작했습니다. 센다이시에서도 카운슬러와 카운슬러의 슈퍼바이저가 파견되었고, 교직원들도 아이들의 마음을 보살펴 주기 위해서 연수회에 참가하여 전원이 대응할 수 있도록 준비했습니다. 동시에 교장선생님이 다음의 세 가지 방침을 지시했다고 합니다.

①계획했었던 일은 예정대로 진행한다.
②학습 활동에 대해 배려한다.
③아동 보호를 생활의 중심으로 한다.

아이들을 돌보면서 조속히 일상적인 생활로 돌아갈 수 있도록 해서 아이들이 심리적인 안정감을 되찾을 수 있도록 하기 위해서입니다. 또한 학교가 지역과 하나가 되어 지진 재해 복구를 위해서 할 수 있는 일을 생각해 냈다고 합니다.

그 일환으로 고학년의 종합 학습시간을 이용해서 활력을 줄 수

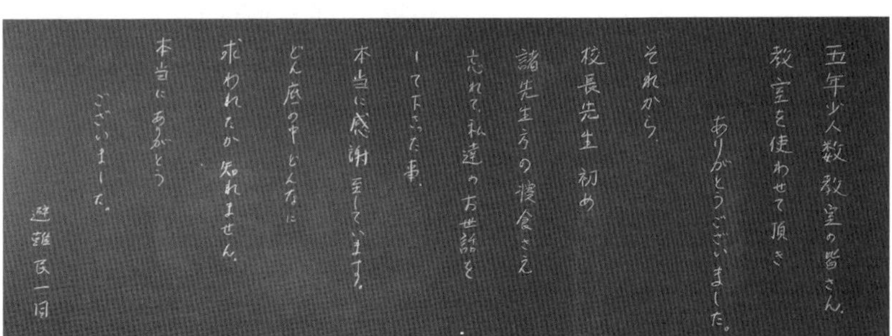

피난 주민이 아이들과 교직원에게 보내는 감사의 메시지(센다이 시 시치고 초등학교 제공)

있는 노래 만들기, 임시주택으로 위문 가기, 파편 정리하기 등 '자신들이 지금 무엇을 할 수 있는지'를 아이들에게 직접 물었다고 합니다.

긴급한 상황에 이러한 조치를 실행할 수 있었던 것은 평소에 이 학교에서 팀을 적절하게 잘 짰기 때문이라고 생각합니다. 적재적소에 팀원을 배치하고 각자의 판단에 맡기는 신뢰감, 임기응변에 대처할 수 있는 행동력은 본받을 점이 많습니다. 필자도 교원이 되고자 하는 학생들에게 이 초등학교의 사례를 소개하고 있습니다(시치고 초등학교의 교사 무라타 다카노리村田隆則 씨가 '차세대의 교육 세미나—재해를 입은 아이들을 건강하게!'라는 제목으로 발표한 사례를, 허가를 받고 필자가 정리한 것입니다).

4. 응급처치력 기르기

아이들이 스스로 곤란한 상황을 극복하기 위해서 마지막으로 필요한 것은 응급처치력입니다. 물리적인 상처에 대한 응급처지는 물론이고, 아동과 학생이 자기 자신의 심리 상태를 잘 이해하고 SOS가 노란 신호일 때는 무엇을 하면 좋을지, 빨간 신호로 바뀌면 어떻게 하면 되는지를 스스로 터득할 필요가 있습니다.

그러기 위해서는 일상적인 교육 활동 속에서 ①심리의 메커니즘에 대해서 이해하고, ②마음이 상처를 받았을 때 스스로 응급처치를 할 수 있도록 하고(스트레스 관리, 스스로 문제 해결하기), ③다른 사람, 신뢰할 수 있는 어른에게 상담할 수 있도록(혼자서 고민을 끌어안는 것과 어른과 전문가에게 맡기는 것 중에서 어느 쪽이 좋은지에 대해서 알고 있다) 하는 것이 중요합니다.

스트레스 관리를 위해서는 다음의 세 가지를 지도합시다.

①마음에 품고 있는 감정의 양을 줄일 것.
②기분전환을 하도록 할 것.
③스트레스의 근원이 되는 문제 그 자체를 해결할 것.

감정의 양을 줄이려면 자극을 없애는 것이 중요합니다. 자신을 괴롭게 만드는 물건이나 장면으로부터 일시적으로 빠져나오거나 몸의 긴장을 풀어 줍니다. 세수를 하거나 목덜미를 식혀서 일시적으로나마 복잡한 감정을 줄일 수 있습니다.

다음으로 기분전환입니다. 기분전환의 효과는 몸을 움직이거나 음악을 들으면 뇌의 다른 부분이 활성화되기 때문에 다른 감정을 낼 수 있다는 것입니다. 그렇게 되면 무거운 생각을 감쌀 수 있습니다. 그렇다고 해도 문제 그 자체를 해결할 수 있는 것은 아닙니다. 적절한 시기에 문제와 부딪혀 자기 나름대로 납득이 가는 결론을 내릴 필요가 있습니다.

5. 건강한 심신 기르기

위기상황을 극복하기 위해서는 평소에 심신이 건강해야 합니다. 그러기 위해서는 ①신체 건강, ②건전한 사고, ③정신 건강, ④사회적 행동의 건강, 이 네 가지를 기릅시다.

1) 신체 건강

위기에 처한 상황에서는 몸이 건강하지 않으면 활동을 유지할 수 없습니다. 피난소에서 겪는 추위와 더위, 식생활의 변화에 적응할 수 있고, 기분은 좋지 않지만, 수면과 식사를 제대로 할 힘이 필요하게 되는 것입니다. 그러기 위해서는 ①규칙적인 생활이나 운동으로 건강을 유지하고, ②놀이터나 마음껏 몸을 움직일 수 있는 공간을 만들고, 에너지가 외부로 향할 수 있는 힘을 길러 놓을 필요가 있습니다. 운동부족으로 인해 스트레스가 쌓이고, 여기저기 몸이 아프다고 호소하는 아이도 있었습니다.

피난소를 취재하는 기자들로부터 '아이들의 놀이터와 놀이도구가 없어져서 기분이 가라앉아 있는데, 장남감이 없어도 놀 수 있는 방법은 없을까'라는 상담을 받고, '다같이 놀자'(http: //blog.goo.ne.jptorrino_hito)라는 홈페이지를 개설했습니다. 필자가 대표를 맡고 있는 '같이 놀자'라는 모임은 아이들을 위한 자연 체험 활동의 일환으로 그 모임의 직원이 이번 재해에 대응해서 홈페이지를 만들어 주었습니다. 장남감이 없어도 놀 수 있는 놀이가 소개되어 있으며 도호쿠東北 지방뿐만 아니라 간사이関西 지역로 피난을 가서 놀이도구가 없는 부모들도 많이 접속해 주었습니다. 사실은 '전통놀이'에는 도구가 없어도 사람과 사람이 만나기도 하고 생각하기도 하면서 놀 수 있는 놀이들이 많이 포함되어 있습니다(다음 신문기사 참조).

27　14版　2011年（平成23年）3月24日　木曜日　朝日新聞

子どもに遊び場を

ストレス発散 心に癒やし

支援通信

被災地の避難所で、子どもたちが肩寄せ合って暮らしている。遊び場を失った子どもに、そばにいる大人たちは、どのように接してあげるとよいのだろうか。

「できるだけ早く子どもが遊べる場をつくりたい」と、仙台市にある「海岸公園冒険広場」のプレーリーダー[illegible]。同公園は津波にのまれ、[illegible]さん自身も自衛隊ヘリで救出された。「子どもが騒いだり泣いたりすると、『うるさい』と怒られる。避難生活が長期化すればするほど、思い切り発散できる場所が必要だ」

支援の動きも始まった。住民が避難する仙台市若林区の七郷小学校では18日、校舎の一角に「こどもひろば」ができた。避難中の子どもが折り紙や粘土などで遊べるフリースペースだ。

運営を担うのは国際支援NGO「セーブ・ザ・チルドレン・ジャパン」。23日までに仙台市2カ所、石巻市2カ所に同様の「ひろば」を新たに開いた。

阪神大震災を経験した神戸大医学部の小児科医らで編集した「災害時における家族支援の手引き」は、「集まれる場をつくり、遊びに誘うことは子どもたちの心の健康に役立つ」と助言する。

「日本冒険遊び場づくり協会」（東京都）の天野秀昭・副代表は阪神大震災の直後から5カ月間、神戸市長田区でプレーパーク（子どもの遊び場）を運営した。「被災した子は心の痛みを我慢していた。遊びを通じて、ふたをしていた気持ちを解放し、心を癒やしていける」

道具なくても楽しく

思い切り遊べない子どもたちのストレスも大きい。大津波が襲った福島県相馬市。小学校に避難してきた主婦(29)には、4歳と2歳の息子がいる。2人とも遊びたい盛りだが、避難所には同年代の友達がいない。道具もないので、できる遊びは土を掘るくらい。ただ、服を汚してしまったら着替えがないし、断水中なので汚れた顔や体を洗えない。

遊び仲間が何人かいて、動き回れる空間があればどこでもできる遊びを、臨床心理士の本田恵子・早稲田大教授に聞いた。

①よく知られる「だるまさんが転んだ」をアレンジ。「転んだ」の代わりに、「だるまさんが 本読んだ」というと、みんなが本を読んだ格好をする。違う格好をしたり、動いてしまったりした人は捕まる。鬼は「だるまさんがヤンキーになった」など自由に言っていい。

②「ピープルトゥピープル」＝図＝は、肩と肩など体の部位をくっつけるだけではなく、「笑顔と笑顔」「泣き顔と泣き顔」というように変えても楽しい。

遊び道具がなくても、スペースが狭くてもできる遊びを、本田さんの教え子たちがブログ（http://blog.goo.ne.jp/torrino_hito/）で紹介している。

体を動かす遊び ピープルトゥピープル

❶輪になって集まり、隣同士でペアを作る
❷手拍子に合わせ、進行役が「肩と肩!」など体の部位を言う。ペアの人と肩と肩を合わせながら、「肩と肩!」と声を出して続く
❸「手と手」などいくつか続けた後、「ピープルトゥピープル!」と言われたら、別のペアを探して組む。進行役も加わり、余った人が新たに音頭を取る

おーい!おーい!!

「グループのちからを生かす」から

支給された毛布の上でトランプ遊びをする子どもたち。毛布だけでは寒いので、段ボールや新聞紙を下に敷いている＝17日、宮城県多賀城市、戸村登撮影

《아사히신문》, 2011년 3월 24일자.

2) 건전한 사고

건전한 생각을 하기 위해서는 아래의 네 가지가 중요합니다. ①사태를 다각적으로 볼 수 있는 힘을 기른다, ②사태와 사태의 관련성을 찾는 힘을 기른다, ③새로운 것을 창조하는 힘을 기른다, ④판단력을 기른다. ④의 판단력 중에는 앞서 말한 현실 검토력이 포함됩니다.

이러한 힘은 보통 초등학교 3학년생부터 4학년 사이에 길러집니다. 그러나 최근에는 수동적인 아이들이 늘어나고 있어서, '시키는 일은 하'지만 '자신이 무엇을 하고 싶은지', '어떻게 하면 그것을 할 수 있을까', '기존의 방식으로 일이 잘 풀리지 않을 때에는 새로운 방법을 생각해 낼 수 있는가'라는 세 가지 점까지는 생각이 미치지 못하는 아이들도 늘어나고 있습니다. 놀이나 일상생활 속에서 생각하는 힘을 길러 주세요. 필자의 〈뇌과학을 활용한 수업을 만들기〉에서도 다각적으로 생각하는 힘을 기르기 위한 수업안을 소개하고 있습니다.

3) 정신 건강

건강한 마음을 기르기 위해서는 다음의 네 가지를 소중히 해 주세요. ①사람을 믿는 힘을 기른다, ②자신을 믿는 힘을 기른다, ③여러 가지 감정을 자연스럽게 느끼고 표현할 수 있는 힘을 기른다, ④공감할 수 있는 힘을 기른다(다른 사람의 기쁨이나 아픔을 알 수 있는 마음).

4) 사회적인 행동의 건강

사회의 일원으로 자신의 힘을 적극적으로 쓸 수 있는 아이들을 키웁시다.

①리더십을 발휘할 수 있는 힘을 길러 줍시다. 평상시에 적극적으로 일을 찾아서 계획, 실행하고 동료를 이끌 수 있는 힘이 필요합니다.

②동료의식을 길러 줍시다. 리더를 지지함과 동시에 동료가 이탈하지 않도록 하는 힘도 필요합니다. 리더 혼자만 분주하면 조직은 일시적으로는 움직이지만 오래가지 못합니다. 리더의 의향을 복수의 보조 리더가 이해하고, 실정하는 사람에게 전달해 가는 조직을 만들어 가기 위해서 동료의식은 필수 불가결한 것입니다.

대지진의 피해지에서는 '미야기 어드벤쳐 프로그램'의 체험학습 방법을 수업 및 학급 활동시 그룹을 짤 때에 활용하고 있습니다. 자세한 사항은 www.pref.miyagi.jp/koukyou/map/maindex.html을 봐 주세요.

6. 기념일 반응에 대해서

1) 기념일 반응이란?

기념일 반응이란 생일, 크리스마스, 입학식, 졸업식 등 원래는 사망한 분과 함께 축하했을 기념일을 함께할 수 없다는 상실감으로부터 오는 여러 가지 반응입니다. 돌아가신 육친의 기일에 가장 심하게 나타납니다. 신체, 행동, 사고, 감정에 각각 다음과 같은 증상이 나타납니다. 이 증상은 개인차는 있지만 누구에게나 나타납니다. 돌아가신 분에 대한 애도 작업을 한 사람은 반응도 적습니다만, 아직 그렇지 못한 사람은 한꺼번에 여러 가지 생각이 들기 쉽기 때문입니다. 여러 가지 증상이 나타날 때에는 누군가가 곁에서 이야기를 들어주는 등 안심할 수 있도록 배려해 주세요.

(1) 신체와 행동의 반응

3월 11일을 떠올려 봅시다. 봄이구나 하는 생각과 동시에 막연한 불안과 짜증, 긴장감 등이 느껴집니다. 봄이 다가오고 있는 것을 기뻐하면서도 작년에는 그 집이 있었는데, 그 사람이 있었는데 하며 돌아가신 분에 대한 여러 가지 생각이 듭니다. 자신은 현재를 살고 있는데 과거의 사람과 함께 동네를 거닐고 있는 듯한 느낌이 들기 쉽습니다. PTSD에서는 생각이 떠오르는 장소를 극단적으로 피하려고 하는 행동이나, 플래시백 현상이 나타나기 쉽습니다. 그런 상태를 두려워하고 있기 때문에 몸 전체가 긴장되고, 몸이 붓거나 어깨 결림이나 요통, 두통 등의 통증이 나타나기 쉽습니다.

어린이의 경우 선생님이 당시의 이야기를 하려고 하면 극도로 싫어하거나, 무의식적으로 다른 말을 하기 시작할 수도 있을 것입니다. 그러한 반응을 보이는 아이들에게는 무리하게 모두 다 같이 있는 장소에서 이야기를 들려주지 말고 다른 곳에서 기다려도 좋다고 전해 주세요.

(2) 사고, 생각의 반응

3월 초에는 작년 이맘 때에는 이랬는데, 저랬는데 하는 생각을 떠올리게 됩니다. 그렇게 대처하기를 잘했던 것일까, 그때 무엇을 할 수 있었을까, 라는 생각을 하게 되고 당시 자신이 취한 행동에서 쉽게 벗어나지 못합니다. 멍하니 있는 시간이 늘어나고, 쉽게 결정을 못 내리는 경우도 늘어납니다. 시험을 앞두고 있는 수험생의 경우는 집중력이 떨어지기도 하고, 짜증이 늘어나기도 쉽습니다. 생각했던 대로 시험을 잘 치지 못했을 경우에는 그것이 발단이 되어 지금까지 참고 있었던 상실 체험이 한꺼번에 나올 수도 있습니다.

(3) 기분의 반응

기분은 우울함과 후회가 중심이 됩니다. 고인에게 자신이 좀더 잘해 주지 못한 것에 대한 후회 때문에 괴로워집니다.

3개월 이상 우울한 기분이 심해질 경우는 기일에 자살을 할 가능성도 높기 때문에, 주위에서 신경을 써 줘야 합니다(아끼는 물건을 다른 사람에게 주기 시작했다, 신변 정리를 하기 시작했다, 무턱대고 분발하기 시작했다, 기분의 기복이 심해졌다 등).

2) 대응

쓰나미가 오기 전날부터 쓰나미가 온 당일에는 혼자 있지 않도록 합시다. 혼자 있을 경우에도 괴로울 때는 누군가(가족, 학교 등)와 연락이 가능하도록 해 두세요. 아직 사별을 받아들일(grief work) 준비가 안 되어 있는 분은 자살을 할 가능성이 있기 때문에 주의가 필요합니다. 양친 모두 돌아가신 분이나 아이를 잃은 분들은 시간에 맞추어 그 뒤를 따라가는 경우조차 있기 때문입니다. 가족을 잃은 한 분이 1년 사이에 조금이라도 호전된 경우는 괜찮습니다만 계속 누워 있다든가, 우울증이 계속될 경우에는 주의를 해 주세요(특히, 자식을 잃은 엄마, 아이, 손자를 잃은 어르신들).

3) 학교에서 집회를 할 경우

(1) 배려를 요하는 아이들을 파악해 둔다

일주일 정도 전부터 안절부절못하거나, 건망증 증세를 보이거나, 멍하니 있는 등의 증상을 보일 경우에는 학교에서 그 모습을 담임선생님이 지켜보고, 나중에 개별적으로 면담을 하는 등의 배려가 필요합니다. 플래시백이나 해리 등의 PTSD 증상을 일으킬 가능성이 있기 때문입니다. 보호자와 함께 행사에 참여하도록 하고 행사가 끝나면 보호자와 함께 귀가할 것을 권장합니다.

(2) 학생이 집에 혼자 있지 않도록 한다

초등학생, 중학생은 학교에 있겠지만 고등학생은 집에 있을 경우가 많을 것입니다. 당일도 집에서 혼자 있다가 피해를 입은 학생도 적지 않습니다. 특히, 3월 상순에 졸업식을 한 학생이라면 혼자 있을 가능성이 높습니다. 각 학교에서 여러 가지 행사를 계획하겠습니다만, 졸업생에 대해서도 신경을 써 주시기 바랍니다.

이 점은 학생들을 학교로 모아야 한다는 것은 아닙니다. 졸업하거나 수업 준비로 조용히 혼자서 집에 있고 싶어 하는 학생도 있을 것입니다. 중요한 것은, 괴로워졌을 때 바로 대응할 수 있도록 학교가 미리 준비를 해 두면 좋겠다는 것입니다. 졸업한 후에도 다음 소속이 정해질 때까지 담임선생님, 양호선생님, 카운슬러와 힘들 때 바로 연락이 닿을 수 있도록 해 두면 학생은 안심합니다(언제라도 전화할 수 있다고 생각하면 안심해서 오히려 전화하지 않는 경우도 있습니다).

(3) 본인, 보호자에게 정보를 제공한다

기념일 반응과 관련된 여러 가지 보도가 있을 것입니다. 보호자가 정확한 지식을 알고 있으면대응은 쉽습니다.

①유치원, 초등학교는 보호자를 대상으로 '기념일 반응'에 대해서 설명해 주세요(아이들에게 알려 주면 아이들은 '모두 그렇게 된다'고 생각해서 쓸데없는 증상을 보이기 쉬우므로 보호자가 대응할 수 있도록 해 주세요).

②중학생, 고등학생은 개인별로 알려 주는 것이 중요합니다만, 꼭 기념일 반응에만 한정시키지 말고, 사춘기 때 나타나는 신체적, 심리적 반응에 대해서 1-3월 사이에 알려 주는 기회를 마련하면 좋을 것입니다. 양호선생님과 카운슬러에게 부탁해서 기본적으로 스트레스에 대한 반응이나 그에 대한 대응책을 전달하도록 하고 기념일 반응에 대해서도 주지시켜 주면 좋겠습니다.

(4) 3월 11일에 아이들에게 무엇을 어떻게 전달할까

지금까지의 모습을 지켜봐 온 선생님들이 어떻게 할 것인지를 판단하는 것이 가장 좋을 것입니다만, 일반론으로는 다음과 같은 사항이 중요합니다.

초등학생　우선 1년간의 일을 정리합니다. 1년 동안 무슨 일이 생겼는지, 일어날 일에 주목을 해서 새로운 일보를 향해 구체적인 이야기를 할 수 있으면 좋겠습니다.

다음으로 슬픈 기분을 짜증이나 다른 사람에 대한 공격으로 표현할 것이 아니라, 슬프다고 솔직하게 표현할 수 있도록 해 주세요. 3-4학년까지는 슬픈 감정이 노여움(화)으로 이어지기 쉬운 경향이 있고, 슬픔을 연상하게 하는 원인을 극단적으로 배제하려고 하기 때문입니다. 자신보다도 환경이 좋은 친구들에 대해 폭력이나 폭언을 할 수도 있고, 어리광을 부리고 싶어도 어리광을 부리면 가족에게 미안하다고 느낄 때에는 선생님을 공격할 수도 있습니다.

중학생 1년을 정리합니다(학급에서 자신이 무엇을, 얼마만큼 했는가). 중학생은 자신이 집단의 일원이라는 것을 배우는 것이 발달과제이기 때문에, 자기가 해낸 일에 대해서 말할 때에는 자기가 해냈다고 생각하기보다는 학급, 학교, 지역이 해냈다고 생각하는 쪽이 받아들이기 쉬울 것입니다. 주위에서 자신에게 무슨 일을 했냐고 물으면 오히려 해내지 못한 일이 눈에 들어오기 때문입니다.

감정을 표현하는 것과 스스로 치유하는 방법(스트레스 관리), 도움을 청하는 방법, 친구를 잘 도와주는 방법, 친구의 이야기를 잘 들어주는 방법 등을 가르쳐 주세요.

고등학생 1년을 정리합니다(자신의 과제를 어느 정도 해결했는가). 고등학생은 집단보다도 자신의 달성 목표를 어디까지 이루었는지가 발달과제가 됩니다.

자신의 감정을 표현하고 스스로 해결하는 방법을 가르쳐 주세요. 구체적으로 신경이 쓰이는 문제를 해결하는 방법을 아는 것이 고등학생에게는 자신감으로 이어집니다.

친한 친구를 지지하는 법을 가르쳐 주세요. 고등학생은 친구의 고민을 혼자서 끌어안기 쉽습니다. 힘든 이야기도 들어주고 싶지만, 어디까지는 친구로서 들어주면 좋은지, 어디서부터는 부모님이 나 선생님, 양호 선생님, 카운슬러와 같이 신뢰할 수 있는 사람들에게 상의하면 좋은지를 가르쳐 주세요.

기념일 반응은 일어나도 일주일 정도라고 합니다. 좀더 자세한 사항은 다음의 홈페이지, '사건, 사고, 재해 시의 위기 개입을 위한 자료실(http://sheport.co.jp/site/mcpo/materials)'을 참조해 주시기 바랍니다.

제 3 장

자주 묻는 질문과 대답
—열한 가지 Q&A

이 장에서는 대지진 이후에 주신 질문들 중에서 몇 개를 골라 그에 대한 대답을 실어 놓았습니다. 자신과 주위 분들에게 이러한 상황에 처한 분이 있으면 참고해 주시기 바랍니다. 또한, 증상이 심해지거나 3주일 이상 지속될 때에는 반드시 전문기관에 상담해 주세요.

| Q 1 | 비가 오면 아이가 무서워합니다. 풀장에 가기 좋은 날씨인데, 풀장에 들어가게 해도 괜찮을까요?

무엇이 일어나고 있는가 빗소리와 쓰나미를 혼동하는 일은 유아에게 흔히 나타나는 현상입니다. 유아는 현실과 과거를 나누어 생각하는 능력이 부족하기 때문입니다. 소리를 듣고 무서운 경험을 떠올리기도 하고, 신체 감각을 떠올리기도 합니다. 또, 말로 기분을 표현하는 능력도 미숙하기 때문에, 사태를 파악하기가 힘듭니다.

대응 일단 소리가 들리지 않도록 문을 닫는 등 자극을 없앱니다. 아이가 진정되면 안전하다는 사실을 알 수 있도록 일기예보를 보여 주고 '내일은 해가 뜰 거야'라며, 밖에 비가 오고 있음을 확인시켜 주세요.

물을 무서워하면 굳이 풀장을 강요하지 말고 양동이 같은 것을 사용하여 물놀이에 익숙해지도록 합니다. 친구가 즐겁게 놀고 있는 모습을 보면 자연스럽게 불안이 사라지는 경우가 많은 것 같습니다. 불안은 받아들이지만, 과거의 즐거웠던 기억을 서서히 빠져나갈 수 있도록 합시다. 새로운 경험을 할 수 있게 되면 기억은 바뀌어 갑니다. 단, 불안해서 몸이 떨리거나 경직됐을 때는 그 자극을 멀리하고, 다른 자극(좋아하는 책, 수건 등)으로 몸을 편하게 주세요.

|Q2| 통학 도중에 파편 조각이 아직 많이 남아 있어 그 옆을 지나갈 때 아이들이 입을 다뭅니다. 지나가기 싫어하는 아이와 학교에 남아서 집에 돌아가기를 꺼려하는 아이들이 있습니다. 파편 조각을 보면 마음 상처가 더 깊어지는 것은 아닐까요?

무엇이 일어나고 있는가 보면 생각이 나서 괴롭다고 하는 아이와, 아직 파편 조각이 남아 있는데 그것을 무시하고 친구와 즐겁게 이야기를 해도 되는 것인지 자책을 하는 아이가 있을 것입니다. 3개월쯤 되면 '내성'이 생기기 때문에, 생활의 일부로 받아들이고, 앞으로 일어날 일을 생각하는 아이도 있습니다. 그 아이의 상태에 맞는 적절한 대응을 주세요.

대응 괴로워서 보고도 못 본 척하는 경우에는 억압이 심하기 때문에 다른 증상도 나타납니다. 표정이 경직됐다, 신체적 증상이 있다, 양호실에 자주 온다 등입니다. 이러한 아이는 안심할 수 있는 상대와 천천히 이야기를 할 기회를 갖거나 그림을 그려서 기분을 정리할 수 있도록 해 주세요. 상담사와 함께하면 더 좋을 것입니다.

익숙해져서 호전된 아이와는 함께 장래에 대해 생각하거나, 자신들이 할 수 있는 일을 구체적으로 계획해서 실시하도록 해 보세요. 아이들은 '스트레스의 화근'에 대해서 자신들이 할 수 있는 일이 아무것도 없다는 사실에 무력감을 느낄 때 괴로워합니다.

|Q3| 몇몇 학교가 같은 교사를 사용하고 있습니다. 다른 학교의 교사를 빌려 쓰고 있는 아이들은 어딘가 모르게 신경을 쓰고 있는 것처럼 보이기도 합니다. 교원들끼리도 서로 신경을 쓰고 있어서 어색하고 불편한데 어떻게 하면 좋을까요?

무엇이 일어나고 있는가 지금까지 각자 다른 생활을 하고 있던 그룹에는 각각 행동규범이 있습니다. 또, 원래부터 잘 참는 것을 미덕으로 생각할 경우에는 자신의 기분을 표현하기를 주저하기 쉽습니다. 처음에는 허니문 상태라고 해서 서로가 흥분해 있지만, 수개월 지나면 '앞으로 얼마 동안 함께 지내야 하는지', '어떤 관계를 형성하면 좋을지'에 대한 예측이 불가능하기 때문에 신경질이 나는 것이 자연스러운 일입니다.

대응 원래 속해 있던 집단 속에서의 관계를 기반으로 하면서, 공유해도 좋은 규칙과 달라도 상관없는 규칙을 서로 의논해 보세요. 반마다 조금씩 운영 방향성이 다른 것처럼, 학교마다 다른 부분이 있더라도 서로 인정하는 것이 중요합니다. 지나치게 무리를 하면 서로 부담이 되기 때문에 가능한 대화의 장을 만들고, 역할 분담을 명확히 해 두고 행동 목표를 설정하는 일이 중요합니다.

아이들끼리 싸움을 하면 하고 싶은 말을 할 수 있는 장소를 만들어 주세요. 아이들이 앞으로 살아갈 사회는 격차가 있습니다. 연안부가 복구되려면 10년 단위의 계획이 필요합니다. 그 중심에 있게 될 아이들이 현재 어떤 관계를 형성하느냐가 미래를 향한 중요한 일보가 됩니다.

대립 해소와 의사소통과 관련해서는 시중에 책이 많이 나와 있습니다. 참고해 보시기 바랍니다.

| Q4 | 교정과 공원 등 놀이터가 없어지고, 마음껏 뛰놀 수 있는 장소가 줄어들어서 아이들이 스트레스를 받습니다. 집에서 게임을 하는 시간이 늘어서 걱정입니다.

대응 아이들도 현실을 받아들이려고 에너지를 억누르고 있는 듯합니다. 좁은 공간이라도 좋으니 놀 수 있는 공간을 만들어 주세요. 집 안이나 좁은 공간에서라도 할 수 있는 놀이를 '다 같이 놀자(http://blog.goo.ne.jp/torrino_hito)'에 모아 놓았습니다. 활용해 보세요.

| Q5 | 방사능의 영향이 걱정이라, 밖에서 놀게 해도 되는지 불안합니다. 집 안에만 있으니 스트레스가 쌓여서 형제들끼리 싸움이 늘었습니다. 컨디션도 좋지 않은 것 같습니다.

대응 방사능과 관련해서는 외부 피폭과 내부 피폭에 대한 정확한 지식을 알아 두는 것이 중요합니다. 예방과, 피폭량이 많은 경우에 대비한 대응입니다.

외부 피폭의 예방책으로는 어느 지역에 방사능이 많은지를 파악해 두면 아이들도 부모도 안심할 수 있습니다. 또 바람의 방향에 따라서도 안전한 지역은 변하기 때문에, 자신들이 살고 있는 지역의 상황을 주지하세요. 밖에서 놀고 들어온 후에는 샤워를 하고, 옷을 갈아입고 세탁하는 등 주의를 하면 괜찮습니다. 제염 작업이 앞으로 진행될 것입니다. 어른들이 불안을 느껴서 밖에서 놀지 못하게 하면 아이들이 어른들의 눈치를 보게 되므로, 어른과 교사가 정확한 정보를 가지고 아이들을 대해야 합니다. 내부 피폭은 식물의 안전을 확인함으로써 예방할 수 있습니다. 갑상선 암 증상이 염려되므로 요오도를 과도하게 섭취하지 않기 위한 식이요법을 개발하면 좋겠지요. 일본인 식생활로 예방하기 쉽습니다만, 서양식 스타일의 아이들의 경우는 식생활에 주의해 주세요.

위와 같은 예방을 했다면 외부에서 놀아도 좋다고 생각합니다. 신체가 성장할 때 운동부족은 여러 가지 문제를 일으키기 쉽기 때문에, 학교에서 쉬는 시간에 몸을 움직이기도 하고, 집에서도 걸레질, 빨래 널기, 빨래 거두기, 빨래 개기 등의 집안일을 도와서 평소의 운동부족을 해소할 수 있습니다.

싸움이 늘어나는 것은 운동량이 부족하기 때문만이 아니라 스트레스를 적절히 해소하지 못하기 때문입니다. 불면, 식욕부진 등이 생기면 짜증은 더 심해지므로 기본적인 생활습관을 짚어 보세요.

|Q6| 자려고 하면 괴로운 장면이 영상처럼 나타납니다. 도움을 구하는 사람의 목소리도 들리고 괴로워요.

무엇이 일어나고 있는가 플래시백은 충격을 받은 후에 일어나는 자연스러운 반응입니다. 일반적으로 며칠 이내에 빈도가 줄어들므로 아래와 같이 대응해 보세요. 증상이 심해져 3주일 이상 계속될 경우에는 의료기관에 상담할 것을 권합니다. 자기 전에는 마음이 무망비 상태입니다. 낮에는 일하고 사람들과 같이 있기 때문에 느끼지 못했었던 불안을 느끼게 되는 것입니다.

대응 불안과 공포를 받아들이는 것이 이를 해소할 수 있는 계기가 됩니다. 참거나 애써 잊어버리려고 하지 말고 머리가 복잡할 때에는 자신에게 말을 걸어 보라고 하세요, '무서웠구나', '아무것도 못해서 미안했어'라고. 스스로 자신의 불안을 받아들이는 일이 중요합니다. 그 장면에 나오는 사람에게 전하고 싶은 말이 있으면, 말을 걸라고 해 주세요. 또, 울고 싶을 때에는 울고, 무서울 때에는 무언가를 끌어안거나 해서 감정을 표현하는 것이 중요합니다. 감정의 폭풍은 길어도 10분 정도면 가라앉습니다. 그리고 지금 살아서 생활하고 있는 자신을 칭찬해 주도록 하세요, '괴롭지만 참고 있어. 너는 잘하고 있어. 자신감을 가져'라고. 눈물이 멈추면 지금 자신이 할 수 있는 일을 하도록 하세요.

|Q7| 부모님을 잃은 아이가 그분들의 이야기를 안 하게 되었어요. 감정 표현도 하지 않는 것 같아요. 어떻게 하면 좋을까요?

사별이나 소중한 물건을 잃은 경험을 극복하기 위해서는 시간

이 걸립니다. 대개의 경우는 다음과 같은 과정을 거치게 됩니다. 각 단계별 증상과 응급처치를 소개하겠습니다. 지금 그 아이가 어느 단계에 있는지를 파악하고 대응해 주세요.

제1단계 : 충격 무슨 일이 있었는지 이해하지 못하는 상황입니다. 감정이 얼어붙고, 충격이 머릿속에 남아 있는 것을 거부합니다. 돌아가신 분 소식을 들어도 아무 느낌이 없고, 장례식에서는 눈물도 안 납니다. 해리가 일어나는 경우가 많습니다. 눈으로 보고 있고 목소리도 들리지만, 자신과는 동떨어져 있는 것처럼 느낍니다.

대응 그대로 받아 주세요. 애써 현실을 가르치려 하지 말고, 담담하게 장례식과 이별의 의식에 참가하도록 하세요. 규칙적인 수면과 식사를 할 수 있도록 배려하고, 잘 때에는 옆에 있어 주세요. 자기 전에는 기분이 갑자기 바뀌기도 합니다. 그때 아이를 끌어안거나 감정을 표현하게 주세요.

제2단계 : 부인 죽음을 부정하고 싶어지는 시기입니다. 사별이 현실이라는 것을 인식할 수 있게 되면 마음이 움직이기 시작합니다. 슬픔이나 안타까움, 화가 끓어오릅니다. 그런 감정에 휩쓸려 버리기 쉽기 때문에 현실은 없다고 생각하고 싶어집니다. '거짓말이야, 그럴 리가 없어'라며, 환영을 보기도 하고, 돌아가신 분을 살아 있는 사람 대하듯 말을 걸기도 합니다. 닮은 사람을 발견하면 말을 걸고 싶어지기도 합니다. 돌아가신 분이 사실은 죽지 않고 살아 있으며, 갑자기 돌아온 것이라고 생각하기도 합니다.

대응 사실을 받아들이기 위한 중요한 시기이므로, 그 기분을 받아 주세요. 그런 다음에 부정하는 일을 긍정하는 것이 아니라, 부정하고 싶은 원망의 근원을 긍정합니다. '살아 있었으면 좋았을 텐데, 같이 꽃을 손질했으면 좋았을 텐데'라고.

제3단계 : 화, 범인 찾기　사실을 이해하면, '왜 이렇게 된 걸까, 누구 탓일까'라며 화가 나기 시작합니다. 살고자 하는 에너지입니다.

대응　기분을 그대로 받아 주세요. 심한 말을 할 때에는 '안타깝구나, 외롭겠구나'라며 기분을 표현할 수 있는 말로 바꿔 주세요.

제4단계 : 침울, 우울　소중한 사람이 없어졌다는 사실을 받아들임과 동시에 깊은 슬픔에 휩싸입니다. 고독해집니다. 모든 일에 의욕이 없고 사소한 일에 눈물이 나기도 합니다.

대응　회복하기 위한 에너지의 충전기라고 생각하세요. 이전 단계의 부인과 화를 표출하려면 상당한 정신력을 필요로 합니다. 긴장이 풀리고 신경이 수면 상태입니다. 뇌가 휴식을 필요로 하기 때문에 충분한 수면, 수분, 소화가 잘되는 식사 등을 통해 신체적으로 안정을 취할 수 있도록 하고, 눈과 귀, 마음에도 영양을 공급해 줍니다. 일상생활을 평소대로 하는 것입니다. 돌아가신 분과 같이 지냈을 때의 앨범이나 소중한 사람을 추억할 수 있는 물건에 대해서 이야기를 하는 등, 돌아가신 분을 마음속에 간직할 수 있도록 도와 주세요.

제5단계 : 소중한 사람이 사라진 상태에서 생활을 하기 시작한다　소중한 사람이 없이 생활을 시작하는 시기가 됩니다. 누군가가 역할을 대신하는 경우도 있고, 새로운 생활 스타일을 만들기도 합니다.

대응 애도 작업은 대개 1년 정도 계속됩니다. 소중한 사람을 누군가가 완전히 대신해 주기 어렵기 때문에 무리하시 않도록 합시다. 학교 행사에 아이들이 부모와 함께 참여하는 모습을 보면 부모를 잃은 아이는 슬픔을 느낍니다. 보고 있는 어른들도 안쓰러움을 느낄 테지만, 자신의 기분과 아이들의 기분을 구별해 주세요. 그리고 하나씩 하나씩 아이들이 사태를 어떻게 극복하려고 하는지 이야기를 듣고, 그 마음을 헤아려 주세요. 일주기를 맞이하고 나면 새로운 생활을 받아들이려는 준비를 할 수 있게 됩니다.

| Q 8 | 부모님이나 형제, 자매를 잃은 아이들에게 '아빠 몫까지 열심히 살아야 한다', '오빠나 동생들 몫까지 효도하렴'이라며 말을 걸자 '시끄럽다'며 저를 피합니다. 격려해 주고 싶었던 것인데 어떻게 하면 좋을까요?

무엇이 일어나고 있는가 아이들이 사별을 수용하는 데에는 시간이 걸립니다. 현실 검토력이 부족하기 때문에, 앞으로 어떻게 살아가야 하는가에 대해 생각하기 이전에 상실 체험으로 인한 불안으로 마음이 얼어붙어 있는 상태입니다. 사별을 인정하지 않으려는 마음과 그러면 안 된다는 마음 사이에서 싸우고 있을 때입니다. 굳이 말하지 않아도 죽은 부모님, 형제, 자매의 몫까지 열심히 살아야 한다는 것을 알고 있습니다. 이미 알고 있는 것을 듣게 되면 마치 꾸지람을 듣는 것처럼 느껴져서 자기 방어를 하는 것 같습니다.

대응 가능한 한 부담 주지 마세요. '힘내서 열심히 살아야 하는 거죠?'라며 아이가 확인하듯 말을 걸어오면, '그렇게 생각하니?'

라며 되물어 봐 주세요. '사실은 내 일만 생각하고 싶다'는 본심을 드러내면, 자연스러운 것이라고 인정해 주세요. 시간을 충분히 갖게 되면 활동할 힘이 생깁니다.

|Q9| 부모, 형제, 자매 몫까지 하며 살아가는 아이가 있습니다. 너무 무리를 해서 몸과 마음이 어떻게 되는 건 아닌지 걱정입니다.

무엇이 일어나고 있는가 분주하게 움직이려고 하는 것입니다. 무언가 하지 않고 가만히 있으면 기분이 가라앉는 것 같은 느낌이 드는 것일지도 모릅니다.

대응 무언가를 열심히 하려는 마음을 알아주고 건강에 유의할 수 있도록 해 주세요. 놀러 데리고 나간다든가 해서 아이 본래 모습으로 있게 해 줄 필요도 있습니다. 무리하지 말라고 하고 싶은데 무리하는 아이에게는 마음대로 하게 해 주는 것도 필요합니다. 단, 반드시 리바운드 현상이 나타나기 때문에 그때에 대비하여 앞서 설명한 5단계의 '우울'을 받아줄 수 있도록 해 주세요.

아이들에 대한 질문은 아니지만 다음 질문도 자주 받습니다.

|Q10| '자신이 살아 있는 게 미안하다'라며 의기소침해 하는 분이 있습니다. 어떻게 말을 걸면 좋을까요?

무엇이 일어나고 있는가 과거에 간병인의 도움을 받은 적이 있거나 다른 사람에게 신세를 진 경험이 있는 분일수록 그렇게 느낄 것입니다. 자신은 도움이 되지 않고, 남에게 짐만 지운다는 미안한 마

음으로 가득 차 있기 때문입니다.

대응 우선 '당신이 살아 있으면 좋겠어요'라는 마음을 전합시다. 또, 그분이 물리적으로 할 수 있는 있을 부탁합니다. 자신이 할 수 있는 일이 생기면, 자기 자리를 찾기 쉬워지기 때문입니다. 그 역할로는 몸을 써서 할 수 있는 것, 말로 옛날 일을 아이들에게 가르쳐 주는 것 등이 있습니다. 만약 그분이 주위 사람이 바쁘게 일하는 것을 보고 '힘들겠네. 나는 아무것도 못해서 미안해'라는 말을 한다면, '네, 힘들어요. 그러니까 ○○ 씨도 빨리 건강해져야죠'라고 대답해 봅시다. 부탁할 일이 있으면 그분에게 도와 달라고 하세요.

| Q 11 | 가족을 잃고 기력이 떨어진 남자분이 있습니다. 일도 집도 잃고 '자신도 가족이 있는 곳에 가고 싶다'고 말합니다. 어떻게 하면 좋을까요?

무엇이 일어나고 있는가 절망과 고독감에 사로잡혀 있는 상태입니다. 사회에서 자신의 역할을 찾지 못하고 있기 때문에 회복하기까지는 시간이 걸립니다. 애도 작업은 1년 정도 계속됩니다.

대응 더 이상 우울해하지 않도록 평소처럼 대하면서(일상적인 인사를 하고, 일을 부탁한다), 지원하는 것이 중요합니다. 지나치게 신경을 쓰면 오히려 더 우울해질 수도 있습니다. 또, '나는 당신이 살아 있으면 좋겠어요'라며 살아 있는 의미를 느끼게 하고, 같이 할 수 있는 일을 통해서 기분 전환을 할 수 있도록 돕고, 그 사람에게 무언가를 받으면 '고맙다'는 마음을 전해 보세요.

제 II 부

지진 피해 지역의 사례를 통해 배우다

유아 · 초등학생 · 중학생 · 고등학생의 마음에 다가서기

제 4 장

유아의 마음에 다가서기

1. 공포 체험 — '춥다'고 호소하는 어린이 A

A(3세)는 지진 재해 이후 한동안 말을 못했습니다. 보육원은 쓰나미에 휩쓸렸습니다. 엄마도 집에 없었기 때문에, A가 무엇을 보고 어떤 충격을 받았는지는 보육원 선생님들로부터 들은 이야기와, A가 그린 그림을 가지고 추측할 수밖에 없었습니다.

피난소에서 간신히 엄마를 만나게 되고 나서도 엄마에게 안기기는 했지만 며칠 동안 울지도 않고, 혼자 있는 것을 극도로 싫어하게 되었습니다. 일주일 정도 지나서 말을 할 수 있게 되었습니다만, 엄마 옆에서 가만히 앉아 있는 일이 많았다고 합니다. 날이 어두워지자 '춥다, 추워'라고 말하고, 잠들었다 싶다가도 갑자기 눈을 벌

떡 뜨고 일어났습니다.

A가 그린 그림은 친구가 누워서 눈을 감고 자고 있는 그림뿐이었습니다. 차 안에서 쓰나미에 휩쓸려 떠내려 가는 친구의 얼굴이 뇌리에 박혔던 것이라고 여겨집니다. A의 반응은 부분적으로는 언어장애입니다. 너무나도 충격적이어서 말을 하는 것 자체를 꺼려하는 듯했습니다. 집도 떠내려 갔기 때문에 가족과 피난소에서 생활을 하게 되었습니다. A가 마음에 들어 했던 장난감도, 안심하고 잘 수 있었던 미키가 그려진 담요도 없습니다. 피난소에서 '추위'를 호소하는 이유는 밤이 되면 쓰나미에 떠밀려 그때 느낀 차가웠던 몸의 감각이 되살아남과 동시에, 지금까지 밤에 자신을 감싸 준 미키 담요가 없어진 사실에 대한 '상실감'도 더해졌기 때문일 것입니다.

A가 말을 하게 된 것은 피난소에서 인형을 갖게 된 후부터입니다. 처음에는 잘 모르는 어른들과 함께 지내면서 느끼는 불안과 긴장감으로 가득했지만, 밥을 먹고, 어른들이 점점 안정을 찾는 모습을 보고는 방구석에서 인형을 가지고 놀게 되었습니다.

2. 쓰나미 따위는 무섭지 않아 — 그림으로 기분을 전해 준 B군

B군(5세)은 바다에서 조금 떨어진 곳에서 지진을 경험했습니다. 쓰나미를 직접 겪지는 않았지만, 고지대에 있는 피난소에서 새까맣게 타올라 가는 불길을 봤습니다. 엄마를 붙잡고, 주위의 어른들이 '이제 끝이다'라고 중얼거리는 소리, 신음 소리를 내면서 울고 있는

모습을 보고 있었다고 합니다. 며칠 후에 새까만 바다에 새빨간 불줄기가 올라가는 그림이나 새까만 소용돌이를 몇 번이고 반복해서 그렸습니다. 표정이 없어지고, 계속 그리기만 하는 B군을 보고, 어머니는 이대로 계속 두어도 되는지 불안했다고 합니다.

B군이 있었던 피난소는 중학교였습니다. 중학생 형, 누나가 아이들을 모아서 놀아 주었습니다. 주위 친구들이 즐겁게 놀고 있는 것을 보며 누나가 읽어 주는 그림책을 같이 보기도 하고, 종이접기를 하면서 놀기 시작했습니다. 2주 정도 지나자, B군은 부드러운 색깔의 그림, 자신이 좋아하는 포켓몬스터가 웃고 있는 그림을 그리게 되었습니다.

아이들은 무서운 체험을 한 후 검은색으로 그림을 그리는 경우가 자주 있습니다. B군에게 새까만 하늘에 불길이 끊이지 않고 올라가는 모습은 지금까지 본 적도 없는 공포의 상징으로 뇌리에 박힌 것이겠지요. 또, 주위 사람들을 위해서 숨소리, 신음 소리조차도 죽였던 것일지도 모릅니다. 혼란스러운 기분을 검은 소용돌이로 표현하고, 주체할 수 없는 화를 불로 표현한 것인지도 모릅니다. B군의 회복이 빨랐던 것은, 곁에 있는 부모가, 불안을 느낄 때 안아 준 것과, 누나, 형들이 같이 놀아 주었기 때문이라고 생각합니다.

3. 놀이로 극복하는 아이들

C군(3세)은 지진 후 한참 동안은 조금만 흔들려도 '지진입니다! 삐

삐!'라고 말하고는 고타츠こたつ(사각형 상 모양으로 상 아래 난로가 있어 발을 넣으면 따뜻해지는 일본식 난방기구) 아래로 숨게 되었습니다. 함께 살고 있던 할머니는 재빠른 C군의 모습에 놀랐고, 흔들리지 않을 때에도 이 동작을 몇 번이나 반복하기 때문에 걱정이 되었습니다.

네 살인 D군은 유치원의 모래사장에서 모래성을 만들었다 허물었다 하는 놀이를 반복하고 있었습니다. 그 놀이를 따라하는 아이가 있어서 선생님들은 그만두게 해야 할지 고민이 됐습니다.

이런 상담을 받을 때마다 필자는 '지진과 관련된 놀이는 곁에서 지켜보고, 놀고 난 후의 아이들의 표정을 잘 봐 주세요'라고 말했습니다. 만약 아이들이 괴로워하는 것 같으면 그만두게 하고 이야기를 들어 주거나 전문가와 상담하도록 유도하는 것이 좋겠습니다만, 안도하는 모습을 보이거나 밝은 모습을 보이는 것은, 스스로 체험을 재구축하기 위해서 애쓰고 있는 것이기 때문입니다.

아이들의 놀이는 기분에 따라 변하기 때문에, 그 변화를 놓치지 않도록 당부했습니다. 또, 건강을 회복하기 위해서도 가급적 몸을 움직이고 신체적 접촉이 있는 놀이를 늘려 주기를 부탁했습니다. 선생님의 온기를 느끼면 자신들이 실제로 보호를 받고 있다고 안심할 수 있기 때문입니다.

한 달이 채 못 돼서 선생님으로부터 아이들의 놀이에 변화가 생겼다는 보고를 받았습니다. 모래성을 허물고 혼자 놀고 있던 아이들이 '쓰나미 놀이'라고 부르고, 뒤쫓아가거나 모래사장에서 파묻혀 있던 아이들을 구조대가 된 아이들이 구조해 주는 놀이가 되어 있었다는 것입니다. 일상적인 놀이를 할 수 있게 되자, 아이들의 표정에도 조금씩 미소가 돌아왔다고 합니다.

4. 1-2개월째 — 플래시백 응급 대응법

1개월째에 강한 여진이 찾아왔습니다. 이제 겨우 안정된 생활을 할 수 있게 된 아이들에게 또다시 공포의 체험이 되살아납니다. 감정의 기복이 심해져서 갑자기 울기도 하고, 물을 극단적으로 두려워하거나 멍하니 있는 시간이 늘어나기도 한다는 PTSD의 증상도 나타나기 시작했습니다(제1장 참조). 엄마들도 불안을 느끼고 그 불안에 아이들도 더 불안해집니다.

5월의 비 내리는 어느 날 밤, F군의 엄마로부터 전화가 왔습니다. 바람도 심하고 쌩쌩 바람 소리가 끊이지 않습니다. F군은 '쓰나미다! 쓰나미다! 엄마 도망쳐'라며 몸을 떨기 시작했다고 합니다. 엄마가 끌어안으며 '괜찮다'고 말해도 F군은 울음을 그치지 않고, 뭔가 투덜투덜하면서 몸을 떱니다. 그 모습이 예사롭지 않았기 때문에 엄마도 불안해진 듯합니다. 엄마 품에 안기면서 엄마의 불안까지 함께 느껴져서 더욱 더 울음을 그치지 못했던 것 같습니다.

어머니에게는 먼저 어머님 자신이 심호흡을 하고 마음을 가다듬고 F군에 대응할 것을 전했습니다. 침착해지면 창문을 열어 '쓰나미가 아니야, 비가 오는 거란다' 하고 소리의 정체가 무엇인지를 알려 주고, TV를 켜고 일기예보를 보여 주라고 했습니다. 일기예보를

보여 주면서 '지금은 비구름 표시가 있지만, 아침에 서쪽으로 빠져 나가고 햇님 표시가 생길 거니까 괜찮아'라고 자세하게 설명하자, F군은 안정을 찾았다고 합니다. 둘이서 '테루테루보즈テルテル坊主'(비를 멈추고 날씨를 맑게 해 준다는 인형)를 만들어서 창문에 걸고 잠들었습니다.

PTSD를 일으키기 쉬운 것은 불완전한 기억과 함께 공포를 느끼는 경우입니다. 특히 유아는 현실 파악 능력이 미숙하기 때문에 사태의 일부만을 기억하기 쉬운 것입니다. F군의 경우는 쓰나미가 밀려오는 소리를 듣고 있을 때, 떠내려 간 사람들의 신음 소리와 주위 사람들의 긴장감과 중얼거림을 기억합니다. 그렇기 때문에 그 당시와 비슷한 소리를 들으면 긴장과 공포와 함께 의미불명의 말들을 떠올리게 된 것입니다.

응급처치법으로는 플래시백하고 있는 체험과 지금의 체험을 확실히 구분하는 것이 중요합니다. PTSD에 대한 응급처치법은 제1장에서 언급했듯이 증상이 지속될 경우에는 반드시 의료기관에서 진찰을 받고 상담할 것을 권합니다.

5. 입을 다문 아이들

G(6세)는 엄마와 남동생(2세)을 쓰나미로 잃었습니다. 엄마가 준비해 준 책가방도 떠내려 갔습니다. 초등학교의 입학식도 연기되고, 할머니, 할아버지 집에서 생활하고 있지만, 전혀 울지도 않고, 엄마

에 대한 얘기도 전혀 하지 않습니다. 불단을 만들고 아빠와 조부모님은 합장을 하는데, G는 그 방에 들어가려 하지 않습니다.

학교에 매일 등교하고, 친구와도 잘 논다고 합니다. 조부모님 댁에 와서 한참 동안은 들떠 있었습니다만, 1개월 정도 지났을 때부터 점차 말수가 적어지고, 표정도 굳어져 갔습니다. 조부모님은 이대로 지켜봐도 되는 건지 무리를 해서라도 표현하게끔 하는 것이 좋은지 고민스러웠습니다. 부모를 잃은 아이들에게는 아동복지 직원이 찾아갑니다. 조부모님은 '억지로 지진에 대한 기분을 표출시키기보다는 일상적인 생활 속에서 자연스럽게 감정 표현을 할 수 있도록 지켜보자'고 말씀하셨습니다.

기일에 성묘를 하러 가거나, 엄마와 남동생에 대한 얘기를 자연스럽게 하려고 할 때 '엄마가 만든 고로케가 먹고 싶다'고 중얼거린 적이 있었습니다. 그 후에 바로, '할머니가 만들어 주는 생선도 맛있어요'라고 할머니를 신경 쓰듯이 말했다고 합니다. 할머니는 고로케를 만들어 주려고도 했지만, 그보다도 자신의 기분을 있는 그대로 전하기로 했습니다. '미안하구나, G야. 할머니가 고로케를 잘 못 만들어서. G가 고로케를 만들 수 있게 되면 엄마표 고로케를 만들렴.' G는 고개를 끄덕였다고 합니다.

G는 아직 죽은 엄마와 남동생에 대한 이야기는 잘 하지 않는다고 합니다만, 초등학교 선생님과 대화를 나누던 중에, '엄마, 내가 한자를 외웠어. 봐줄래요?'라든가 '엄마한테 들리도록 소리내서 읽어야지'라며 조금씩 엄마에 대한 이야기를 하게 되었다고 합니다.

G의 이러한 상태는 아직 죽음을 받아들인 상황은 아닙니다. 돌

아가신 분이 마치 살아 있는 것처럼 가깝게 있다고 느끼고 자신을 격려하고 있는 상태입니다.

그 후에 깊은 슬픔이 찾아옵니다. 그 슬픔은 여섯 살짜리 G에게는 아직 감당할 수 있는 것은 아닙니다. G는 그것을 무의식적으로 인지하고 가급적 생각하지 않으려고 자기방어를 하고 있는 것이라고 생각됩니다. G처럼 어릴 때 소중한 사람을 잃은 경우에는 나중에 자아가 충분히 발달되고 나면, 사별에 대한 깊은 슬픔을 대하는 일이 많이 있습니다. 죽었다는 사실은 확실히 전할 필요가 있지만, 죽음에 대한 감정이나 그 의미와 직면하기에는 아직 어렵니다. 따라서 기일날 성묘를 거듭하면서, 조금씩 자신의 기분을 표현할 수 있도록 하고, 깊은 슬픔을 스스로 감당할 수 있도록 해 주세요.

6. 이상하다 — 애가 너무 착하다

지진 이후 2개월. 유치원 선생님들이 아이들의 모습이 평소와 다르다는 것을 느끼기 시작했습니다. '최근에 아이들이 나쁜 짓을 안 하네요', '맞아요, 너무 조용한 것 같지 않아요?'

밝은 모습으로 유치원에 오고, 점심도 잘 먹고 간식도 먹습니다. 그런데 조용합니다. 보통 때 같으면 장난감을 서로 가지려 하고, 그림을 그리라고 하면 '선생님 종이 줘요'라며 몇 번이나 종이를 받으러 오고, 선생님한테 놀아 달라고 조르는 아이들도 많은데 이상하게 말을 잘 듣습니다.

종이접기용 종이도 충분한데 한 장밖에 안 씁니다. 선생님들은 원인이 무엇인지 서로 이야기하기 시작했습니다. 그러던 중에 선생님 자신들이 감정을 억누르고 있다는 점이 아이들에게도 전해진 것은 아닌가 하는 생각이 들었습니다.

선생님들 중에는 집이 떠내려간 사람도 있는가 하면, 가족이나 친척이 돌아가신 분들도 있습니다. 집에 돌아가면 피곤이 몰려오지만 아이들에게 그런 모습을 보이면 안 된다고 생각해서 유치원에서는 참고 더 분발했습니다. 또 유치원 생활 속에서도 4월 초에는 물자가 부족해서 뭐든 아껴 쓰던 모습을 아이들은 보고 있었던 것이겠지요. 자신들이 무리를 하고 있다는 사실을 학생들도 알아챘던 것은 아닌가 하는 생각이 들기 시작했습니다. 그래서 선생님들도 가능한 한 자연스럽게 자신의 기분을 표현하려고 했습니다. 또 전국에서 몰려온 그림책, 크레파스, 지원물자를 아이들에게 직접 보여 주고 써도 좋다고 했습니다. 그림책을 읽어 주고 표현 놀이를 도입해 가자 조금씩이지만 화를 내기도 하고 울기도 하고, 싸우기도 하는 아이들의 모습을 볼 수 있게 되었다고 합니다.

기분이 조금씩 나아지자 자신이 무척 좋아하던 조부모님이 지진으로 돌아가셨다는 말을 하는 아이도 나왔습니다. 선생님은 '이 어린애가 그런 일을 겪고도 잘 참고 있구나'라며 격려해 주었다고 합니다. 그리고 자신이 할 수 있는 일이 무엇인지를 생각하고, 이 아이들을 씩씩하게 키우는 일이 교사의 역할이라고 생각하고, 함께 정원을 달리기도 하고 즐겁게 도시락을 먹을 수 있는 방법도 생각해 내고, 보호자가 안심할 수 있도록 유치원에서 지내는 아이들의 모습을 연락장에 적기도 했다고 합니다.

유아는 자아가 미성숙하기 때문에 어른들의 영향이나 주위 환경의 영향을 받기 쉽습니다. 어른이 불안을 느끼면 아이들도 불안을 느끼게 되고, 어른이 참고 있으면 아이들도 눈치를 채고 가만히 있게 되기 마련입니다. 이럴 때에는 감정을 드러내도 된다는 점을 어른이 보여 주는 것이 중요합니다. 어른들 스스로가 감정을 안에 감추지 말고 웃기도 하고 울기도 하고 때로는 한숨을 쉬기도 하는 모습을 보여 주는 것입니다.

7. 어디서 놀게 하면 좋을까요? — 원전에 대한 불안

7월에 여름방학을 앞두고 유치원과 학교를 방문해서 보호자들을 대상으로 강연을 했습니다. 보호자가 여름방학을 앞두고 불안이 심해지기 시작했다는 말을 들었기 때문입니다. 강연일에 받은 질문으로는 '밖에서 놀게 해도 되는지', '풀장에 들어가게 해도 되는지', '해마다 바다에 놀러 갔는데 올해는 못 가는 이유를 어떻게 설명하면 좋을지', '집 안에서만 놀게 하면 아이들이 스트레스를 받는 건 아닌지', '친정에서(도호쿠東北 지역 이외의) 애들만이라도 데리고 이사를 오라고 하는데 그렇게 하는 것이 좋을지' 등등이 있었습니다.

눈에 보이지 않는 방사능에 대해서 인터넷상에서도 불안을 부추기는 글이 돌아다녔던 때입니다. 원전에 대해서는 정확한 정보를 전달하는 것이 중요합니다만, 유아에게는 어려운 말을 사용해도 알아듣지 못합니다.

어머님들에게는 무슨 일이 일어나고 있는지를 화산에 비유해서 설명을 하고, 지도를 보여 주며 풍향이나 폭발이 있었던 날 등 정확한 정보를 모을 것을 권장했습니다. 그런 다음 외부 피폭과 내부 피폭의 차이를 설명하고, 식생활에서 예방할 수 있는 것과, 만일 허용량을 초과한 피폭을 당했을 경우의 위험성에 대해서도 알려 주었습니다. 갑상선암이나 백혈병 및 그 치료법과 치유 가능성 등에 대해서 말입니다.

체르노빌의 데이터가 있었기 때문에 구체적인 예방책과 대응 방법을 설명하자 조금은 안심하는 듯했습니다만, 어머님들은 역시 행정부서의 대처가 늦었다는 점과 정부에서 괜찮다고 해도 신뢰할 수 없다는 말을 했습니다.

이야기를 들으면서, 특히 불안을 느끼는 어머님들의 공통점은 혼자서 불안을 끌어안고 있는 경향이 강하다는 사실을 알게 되었습니다. 남편이 바빠서 이야기를 못 들어 준다거나, 원래부터 불안해하는 성격이라 여러 가지 일에 신경을 쓴다든가, 친정집에서는 '괜찮냐'며 걱정뿐만 아니라 참견을 해서 스스로는 '이렇게 해야지'라는 생각이 들어도 확신이 없어서 마음이 흔들린 것 같았습니다. 어머님들의 불안을 공감하고, 왜 그런 기분이 드는지에 대해 이야기를 하자, '(이야기를) 들어 주기를 바랐어요', '혼자서 어떻게 하면 좋을지 무서웠어요'라며 눈물을 뚝뚝 흘리는 분도 있었습니다. 필자는 '애쓰고 있는 자기 자신에게 상을 줍시다'라고 말했습니다.

제 5 장

초등학생의 마음에 다가서기

1. 그림 편지로 엄마를 잃은 슬픔을 표현하는 형제

2011년 5월 12일 마이니치每日 신문에 쓰나미를 공룡 티라노사우루스에 비교해, 자신들의 생각을 그림으로 그리고 편지로 적은 열한 살과 여덟 살짜리 형제의 실렸습니다.

이 두 명은 이시노마키 시石巻市의 초등학교에서 피해를 입었습니다. 어머니는 승용차로 귀가하던 도중에 쓰나미에 희생되었다고 합니다. 이 그림 편지는 피난소에 자원봉사 활동으로 종이연극을 가지고 방문한 가나야 구니히코金谷邦彦 씨(65세) 앞에서 이 형제가 그린 그림입니다. 필자는 가나야 씨를 통해서 자원봉사 활동에 대한 생각과, 초등학교를 방문했을 때 만난 아이들의 모습을 엿볼 수 있었습니다. 가나야 씨는 이 초등학교를 포함하여, 4월 27일부터 5월 1일까지 오 일간 총 네 곳을 방문하여, 아이들에게 그림 연극〔이야기를 그려 넣은 여러 장의 종이를 한 장씩 보여 주며 설명해 주는 연극〕을 공연했습니다. 오랫동안 초등학교에서 근무했던 가나야 씨에게는 처음부터 아이들이 몰려와서는 자신들의 생각들을 말하거나 표현했다고 합니다.

아이들의 놀이터가 없어지고, 자연스럽게 친구들과 어울릴 수 있는 기회가 줄어든 이 상황을 어떻게든 해 보려고 했던 가나야 씨는 그림 연극을 통해서 아이들을 지역 공동체와 연결해 나가고자 도都 내에서 활동을 시작했던 차에 지진이 발생했습니다. 지진 발생 직후부터 아이들이 활기를 되찾을 수 있도록 자신이 할 수 있는 일을 하고 싶다는 생각이 들어서 그림을 들고 피난소를 돌면서 아이들에게 그림 연극을 계속 공연했습니다.

그림 연극이 끝나도 뒷정리를 도우면서 그 자리에 남아 있는 6학년짜리 남자아이가 있었습니다. 가나야 씨는 직관적으로 '뭔가 할 말이 있나 보구나' 싶어서, 슬쩍 종이를 건냈더니, '저는 그림을 못 그려요'라며 2학년짜리 남동생을 데리고 왔습니다. 남동생은 세 장의 그림을 아무 생각 없이 그리기 시작했습니다. 그림마다 괴물이 있었습니다. 한 장은 괴물이 바다에서 기습해 오는 것, 또 다른 한 장에는 육지 쪽에 수호신 같은 것도 있습니다. 그리고 마지막에는 티라노사우루스를 그렸다고 합니다.

그동안 6학년인 형은 가만히 옆에서 남동생이 그림을 그리는 것을 지켜보고 있었는데 세 장째 그림을 보는 순간, 그 뒤에 이렇게 적

쓰나미 티라노사우루스

었습니다. '쓰나미 이 바보!','우리 엄마는 쓰나미로 죽었어요. 하지만, 나는 앞으로 열심히 살 거예요'라고.

가나야 씨는 이때 처음으로 형제가 엄마를 잃었다는 사실을 알게 되었습다. 그리고 이 그림 편지와 함께 형제의 마음을 이해했습니다. 남동생에게 쓰나미는 티라노사우루스와 같이 초고속으로 달려와서 단번에 삼켜 버리는 괴물과도 같았겠지요. 수평선에 산처럼 파도를 그리고, 파도에 휩쓸려 뒤집어진 차와 티라노사우루스의 발밑에는 가족 네 명이 그려져 있었습니다. 유아는 공포를, 느끼는 그대로 색깔과 모양으로 표현하는 일이 많습니다만, 초등학생이 되어 어느 정도 이미지를 그릴 수 있게 되면 자신이 이해하기 쉬운 모양으로 표현하는 경우를 자주 볼 수 있습니다. 남동생은 가나야 씨를 만나서 그때까지 아무에게도 말하지 않았던 것을 표현했습니다. 자신의 안에는 있지만 말로는 못하고 분출구를 찾고 있는 이미지. 그것을 세 장의 그림으로 한꺼번에 담아내고, 가나야 씨에게 전하고자 했던 것입니다. 동생은 이 그림을 다 그리자 그 자리에서 훌쩍 사라졌다고 합니다.

형은 동생의 메시지를 잘 알아차렸던 것이겠지요. '바보'라고 소리치고 싶지만 소리쳐 봤자 엄마는 돌아오지 않습니다. 슬퍼서 울고 싶지만 장남으로서 자신이 잘 참아 내야 한다는 생각에 슬픔을 억누르고 있었던 것처럼 보입니다. '앞으로도 열심히 살 거예요'에서 '도'라는 한 글자에 장남으로서 엄마를 지지하고 있었던 형의 모습이 엿보입니다.

고학년이 되면, 무리 속에서의 자신의 위치를 신경 쓰게 됩니다. 동생과의 관계에서 형으로서의 자신을 의식하게 됩니다. 엄마가 살아 있을 때 한 말을 마음에 담아 둘 나이이므로 남은 인생에서 엄마의 말을 떠올리며 극복해 나갈 일이 많이 있을 것입니다.

가나야 씨는 이 형제의 모습을 보고 '이 아이들은 이제 어린애가 아니라, 하나의 인격체로서 자신의 발로 서려고 한다'는 강한 인상을 받았다고 합니다. 그리고 이 형제의 어머님에게 보내는 진혼곡이 될 상징적인 그림 편지를 맡았습니다. 그 후에도 계속해서 현지를 방문할 때마다 이 형제를 찾아 그 모습을 가족과 함께 지켜보았다고 합니다. 남동생은 좀처럼 엄마의 죽음을 받아들일 수 없었다고 합니다만, 11월에 가나야 씨가 그림 연극을 들고 방문했을 때 변화가 생겼습니다. 형이 해바라기 안에 엄마의 미소를 그린 그림을 가지고 왔을 때 그 옆에 계속 바짝 붙어 있었다고 합니다.

이들뿐만 아니라 쓰나미로 지금까지 자신들을 지켜 온 것들을 한순간에 잃은 아이들이 많이 있습니다. 지진 피해 지역을 방문해서 종이연극을 하는 동안에 가나야 씨는 여러 아이들을 만나고 그들의 마음을 이해했습니다. 그리고 아이들이 스스로 체험을 통해서 전하고자 하는 것을 아이들이 그린 그림과 글자로 그림 연극으로 남기기로 했습니다. 가나야 씨는 이 활동을 앞으로 10년 동안 지속해 나가면서 아이들의 살아 있는 목소리와 아이들의 시선으로 남겨두어 그들이 어른이 되어서 이 땅을 지켜나가는 데 도움을 주고자 하고 있습니다.

2. 그림에 담긴 감정의 소용돌이 — 후쿠시마의 아이들

여기에서는 가니에안즈蟹江杏 씨와 사토시오佐藤史生 씨가 후쿠시마 현 소마 시의 아이들과 함께 지진 피해를 극복하기 위해 어떻게 대처했는지 그 사례를 소개하고자 합니다. 두 분이 편집한 《후쿠시마의 아이들이 그리다 ―그때, 오늘, 미래》(토쿠마徳間 서점, 2011년)에는 소마 시의 초등학교 3학년생의 그림이 실려 있습니다.

가니에 씨는 판화가로 활약하면서 지진 피해 후에 여러 곳에서 아이들의 창의력을 키우는 워크숍을 개최하고 있습니다. 사토 씨는 오랫동안 후쿠시마 현의 초등학교 교장선생님을 하고 있고, 아이들과 선생님에게 인망이 두터운 분입니다. 지진 피해를 입었을 때, 가니에 씨가 잘 알고 지내던 사토 씨의 안부를 확인하고는 피해지 아이들에게 뭔가 할 수 있는 일이 없을까 상의해서 이 방법을 생각해 냈다고 합니다.

지진으로 인해 아이들은 쓰나미로 집과 가족을 잃었을 뿐만 아니라 원전사고로 밖에 나갈 수도 없었습니다. 그래서 아이들에게 몸을 움직여서 모조지에 자유롭게 그림을 그리도록 하면 좋겠다 싶어서, 피난소와 초등학교를 찾아가 아이들과 그림을 그렸습니다.

아이들은 처음에는, '시체다, 시체다'라고 소리치며 파란 인형人型을 그렸다고 합니다. 모조지에 엎드려 누워 인형을 만들고 파랗게 색칠한 것이었습니다. 아이들의 이런 혼란스러운 감정에 사토 씨는 압도되었다고 합니다. 그렇지만 초등학교 선생님과 협력해서 종합학습 기간을 활용하여 시기별로 다양한 감정을 표현할 수 있도록 지속적으로 도움을 주었습니다.

1) '되돌려 줘, 우리 집을'

'쓰나미를 그렸어'라는 소녀의 그림에는 '쓰나미 때문에 우리 집도 떠내려가고, 가족이 아끼던 물건도 없어져서 분했습니다. 예전의 우리 집을 그렸습니다'라는 소녀 자신의 말이 덧붙여져 있습니다. 떠내려간 집이 한가운데에 있는 것은 집이 자신의 마음의 중심을 차지하고 있는 것이라고도 볼 수 있겠습니다.

표현하고 싶은 것이 많이 있겠지만 이렇다 할 뚜렷한 형태로 나타나지는 않습니다. 그렇지만 필자는 이 그림을 보고 강렬한 인상을 받았습니다. 기억에 남아 있는 영상과 이 소녀의 안타까움, 슬픔이 어우러져, 소녀가 소리 없이 외치고 있는 것 같았습니다, '돌려줘, 우리 집을, 행복한 시간을'이라고.

2) 쓰나미를 극복한 아버지를 기리는 소녀

'엄청난 쓰나미야'라는 그림을 그린 소녀은 다음과 같이 말합니다. '아버지는 배를 지키기 위해서 배에서 앞바다로 나왔습니다. 그리고 쓰나미를 헤쳐 나갔습니다. 강인한 아버지.' 그가 본 쓰나미는

'쓰나미를 그렸어'

'엄청난 쓰나미야'

'무지개가 걸렸어'

《그때, 오늘, 미래》
26,29,98-99쪽

육지를 타고 올라와 집을 삼켜버리는 진흙 덩어리였을까요. 물은 갈색으로 변했습니다. 그런데 아버지가 타고 넘은 물결은 새파랗게 맑았습니다. 배 위에서는 아버지가 쓰나미에 강력하게 맞서고 있었고, 바다에는 물고기도 보입니다. '강해지고 싶다. 나도 헤쳐 나가고 싶다'는 바람이 들려오는 듯했습니다.

3) '만약에 마법을 부릴 수 있다면'

미래의 거리를 그리라는 테마가 주어진 때가 있었습니다. 그림 중에 '무지개가 걸렸어'라는 그림이 있었습니다. 이 그림을 그린 소녀는 쓰나미로 가족을 잃었다고 합니다. '사람도 있으면 좋겠다고 생각했습니다'라며 밝은 미래를 그리고 싶었겠지만, 그림 안에 그려진 시계는 2시 35분입니다. 지진이 일어난 것이 2시 48분. 행복하게 놀고 있던 시간으로 돌아가고 싶다. 그런 절실한 바람을 그린 것처럼 느껴졌습니다.

이처럼 아이들의 그림에는 여러 가지 메시지가 담겨져 있는 것 같습니다. 그렇기 때문에 그림을 그려서 좋은 시기와 조금 더 기다렸다가 나중에 그리게 하는 편이 나은 시기를 주위의 어른들이 가려낼 필요가 있다고 생각합니다.

공포 체험을 그림으로 표현하기 시작한 것은 그 체험에서 대개 며칠 후가 아닐까요. 주위 환경이 안정되면 얼어붙어 있던 마음이 조금씩 녹기 시작합니다만, 동시에 원인 모를 감정이 밀려옵니다. 현실 검토력이 있는 아이는 그림을 그리면서 감정에 하나씩 하나씩

'이름'을 붙여서 자신이 대응할 수 있는 형태로 만들 수 있지만, 말수가 적고 분별력이 떨어지는 미숙아들(특히 유아의 경우)은 자신이 그린 그림을 보고 오히려 더 불안해할 우려도 있습니다. 그래도 표현하는 쪽이 안에 담고 있는 것보다 좋다고 필자는 생각하고 있습니다. 그렇기 때문에 아이들이 그림을 그리기 시작하면, 무언가를 표현하고 싶다는 사인이라고 생각하고, 안심하고 표현할 수 있는 환경을 만들어 줍시다. 신뢰할 수 있는 어른이 옆에 있고 자신이 그린 그림을 알아주고 이해해 주는 일이 체험을 외재화外在化시킬 수 있는 데 도움이 됩니다. 또한 구체적으로 무엇을 할 수 있는지를 같이 생각해 주세요.

가니에 씨와 사토 씨는 아이들이 그림을 통해서 전달하고자 하는 메시지에 귀를 기울이면서, 시기별로 어떻게 표현하면 좋을지에 대해서 평소에 아이들의 모습을 가까이 지켜봐 온 담임선생님과 이야기하면서 활동을 계속해 오고 계십니다. 생각대로 그릴 때도 있지만, 생각을 테마에 맞춰 틀을 잡아가는 시기도 있었다고 합니다. 아이들은 그때 그 순간의 메시지를 많은 그림에 담아서 전해줍니다. 이 작품은 가니에 씨가 주최하는 '3·11 아이들 문고'(http: // soumasien.blog65.fc2.com/. 피해지에 그림책과 그림 도구를 보내고, 그림을 통해 표현 활동을 실시하는 프로젝트)의 활동의 일환으로, 일본 각지에서 '후쿠시마 소마의 아이들이 그리는 소중한 그림전'을 개최하고, 아이들의 메시지를 지속적으로 전달하고 계십니다.

3. 임시주택 생활의 스트레스 — 놀 곳이 없다

필자의 수업을 듣는 나카시마中島 씨는 후쿠시마 소마 시 출신입니다. 장차 후쿠시마에서 교사가 되고자 했던 나카시마 씨는 고등학교 졸업생들과 함께 '말의 꼬리うまのしっぽズ'라는 학습지원 자원봉사단을 만들었습니다. 임시주택 일곱 군데를 대학생이 분담하여 돌아다니고, 매일 2시간씩 아이들과 함께 공부를 하는 봉사 활동입니다. 임시주택을 총괄하는 분께 자원봉사를 신청했을 때 '젊은 이들이 돌아와 주었다'며 기뻐해 주신 것이 무엇보다도 큰 힘이 되었습니다. 그런데 임시주택에는 대형 집회소는 있지만, 아이들과 공부하기 위한 방은 10조 정도의 크기였습니다.

아이들은 계속해서 모여 왔는데, 지금까지 계속 밖에 나가지 못한 스트레스는 어마어마한 것이었습니다. 우선, 차분하게 공부에 집중하지 못했습니다. 유아와 초등학생은 자원봉사자 언니, 오빠를 발견하곤 그들에게 안기거나 이야기를 멈추지 않습니다. 자세히 들여다보니 아이들의 시선은 오빠들 쪽을 향하고 있고, 아이들끼리

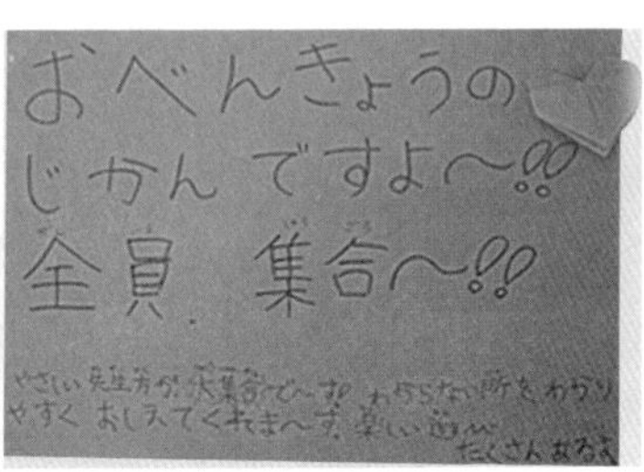

아이들과 공부하는 자원봉사단 '말의 꼬리'

는 서로 어울리지 않는 것입니다. 나카시마 씨는 다른 스탭들과 왜 그런지에 대해서 생각했습니다. 그랬더니 아이들은 각기 다른 동네에 살다가 이 임시주택에 모이게 되었고, 서로 다른 초등학교에 다니고 있다는 점을 알게 되었습니다. 그때 먼저 아이들의 어색함을 해소하기 위해서 가벼운 놀이를 해 봤습니다. 학습은 1 대 1로 또는 동 학년을 모아서 하기도 했습니다만, 한 시간이 지나면 모두 모여서 '노는 시간'을 가졌습니다. 몸을 풀기도 하고 실내에서도 안전하게 몸을 움직이며 웃으면서 할 수 있는 즐거운 놀이를 도입했습니다.

여기에는 가모가와 히카루鴨川光 군이라는 대학원생이 등장했습니다. 가모가와 군도 필자의 수업을 듣는 학생으로 '아이들의 놀이와 친구 사귀기'를 연구 테마로 하고 있기 때문에, 평소부터 놀이와 관련된 자원봉사 프로그램를 운영하고 있습니다. 제2장의 제5절에서 소개한 '다같이 놀자'라는 홈페이지를 운영하고 있는 사람입니다. 비록 공간은 한정되어 있지만, 몸을 쓰는 놀이, 머리를 쓰는 놀이 등 도구가 없어도 놀 수 있는 것을 잘 조합하여, 1시간 동안 충분히 놀 수 있습니다. 예를 들어 전신을 사용한 놀이에는 '거울 놀이'라는 것이 있습니다. 2명이 짝이 되어 1명이 여러 가지 포즈를 취합니다. 그 자리에서는 움직이지 않은 상태에서, 상반신, 하반신, 기지개 켜기, 웅크리기, 양손을 크게 돌리기, 이상한 표정 짓기 등을 합니다. 거울 역할을 하는 아이는 상대의 움직임을 따라합니다. 처음에는 얌전하게 천천히 움직이던 아이들도 점점 즐기면서 댄스에 가깝게 움직이기도 하고, 갑자기 이상한 표정을 서로 지으면서 크게 웃기도 하고, 친해지기에는 안성맞춤인 놀이입니다. 몸을 움직이면 땀도 나지만, 몸에 쌓여 있던 것들을 밖으로 내보낼 수 있어서 기분도 상쾌해집니다.

놀이 시간 '캐치'(원을 만들어 둘러앉아 리더가 '캐치'라고 말하면 옆 사람의 손가락을 잡고 자신은 달아나는 놀이)

아이들이 모두 같이 할 수 있는 놀이로는 '파타파타'라는, 손을 사용한 놀이가 있습니다. 원이 되어 앉아서 양손을 무릎에 올립니다. 시작하는 사람부터 왼손을 왼쪽 무릎에 가볍게 찍고, 다음에 오른손을 오른쪽 무릎에 가볍게 찍습니다. 오른쪽으로 돌 때는 이 '파타파타' 웨이브를 한 바퀴 도는 데 몇 초 걸리는지를 경쟁합니다. 30명 정도라면 처음 연습할 때에는 20초 정도 걸리지만, 다같이 '몇 초를 목표로 할까?'라고 마음을 하나로 모으면 최단 2초 정도로 일주를 할 수 있게 됩니다. 자신들이 힘을 합쳐 무언가를 이루었다는 성취감을 맛보고 앞으로 서로 협력해 나갈 동료로서 유대관계를 돈독히 하고 싶었다고 합니다.

이 봉사 활동을 통해서 배운 것을 나카시마 씨와 가모가와 군은 다음과 같이 말해 주었습니다.

나카지마 씨는 말합니다.

> 마음이 안정이 안 돼서 외우지 못하거나, 숙제도 귀찮아져서 학습에 대한 의욕이 줄어든 아이들이 차분히 공부를 할 수 있게 되었

今、ここは 仮設住宅編

出身学生が学習教室

福島・相馬市

福島県相馬市北飯渕の仮設住宅敷地内にある集会所に18日、早稲田大4年中島好美さん(22)らが顔を見せると、待ちわびた子どもたちの顔が、ぱっと明るくなった。「今日はこの迷路ゲームをやりたい」。仮設住宅で暮らす[illegible]ちゃん(6)は中島さんらと机の上に広げた迷路図を夢中になって鉛筆でたどり始めた。

中学3年の[illegible]さん(15)は、カナダに1年間留学した早稲田大3年の篠田大輔さん(23)に夏休みの宿題の英作文を指導してもらった。年齢の近い〝先生〟にマンツーマンで教えてもらい、篠田さんが卒業した県立相馬高校に進学したいと思うようになった。

同市出身で小学校教諭を目指す中島さんは、同高出身の同級生や後輩に呼びかけ、夏休みを利用して被災した子どもたちと遊びながら勉強も教えようと、この学習教室を企画した。大学生ら25人は市内に分散する仮設住宅の集会所7か所で、8日からお盆休みを挟み、この日まで8日間、幼稚園児から中学生の面倒をみた。各集会所には毎回、5～10人の児童・生徒が集まった。

大学生らとの別れ際に手を合わせてはしゃぐ[illegible]ちゃん（手前左）（18日午後、相馬市北飯渕の仮設住宅の集会所で）＝深谷浩隆撮影

[illegible]ちゃんは、北飯渕の集会所で開かれた教室全6回に皆勤。16日には、両手の指を折りながら足し算を教えてくれた東北学院大4年佐藤茂さん(21)と、百ます計算にも取り組んだ。[illegible]ちゃんの母[illegible]さん(32)は「教室に通うようになってから、仮設住宅に住むほかの地区の友達も増えた」と、積極性が増した娘の成長に目を細める。

同市の柚木工業団地仮設住宅の集会所で最後の教室を終えた立教大4年加藤理恵さん(21)は「冬休みにまた来てね」と言う小学4年の[illegible]さん(10)をぎゅっと抱きしめ、「うん、ちゃんと勉強頑張るんだよ」と言葉を返した。

学生たちは、年末年始にも学習教室を開こうと語り合っている。

（深谷浩隆）

사진 왼쪽 뒤의 나카지마 씨(요미우리신문, 2011년 8월 21일)

습니다. 또, 숙제를 하다가 엄마와 싸우곤 했던 아이들도, 어머니들에게도 시간이 생겨서, 하루 2시간만이라도 혼자 있을 수 있게 된 점은 좋았던 것 같습니다. 집 안일에 신경을 쓸 수도 있었고, 여유를 갖고 요리도 할 수 있게 되자 아이들도 좋아했던 것 같습니다. 작은 일이 도움이 되는구나 싶어 저도 기뻤습니다. 아이들이 '즐거웠다', '또 와'라며 손을 흔들어 준 것은 평생 잊지 못할 것입니다. 올해는 후쿠시마에서 교원 채용시험은 없습니다만, 더 공부를 열심히 해서 그 아이들에게 힘이 될 수 있는 선생님이 되고 싶습니다.

가모가와 군은 말합니다.

집이나 부모님이 근무하는 학교도 재해를 입었는데, 아무것도 못하는 자신을 참을 수 없었습니다. 뭔가 하고 싶지만, 시간은 있는데 현지에 가서 봉사 활동을 계속할 수 있을 만큼의 자금이 없어요. 무척 화도 나고, 우울하기도 했던 날들이 있었지만 지금 스스로 할 수 있는 일을 하려고, 현지의 아이들을 위해서 '놀이'를 알리는 블로그를 만들었습니다. 어디까지 도움이 될까 생각은 했지만 여러 분들로부터 메일을 받고, 별 것 아닌 간단한 놀이로 아이들이 활발해졌다는 말씀을 해 주셔서 정말 기뻤습니다. 단기간이었지만 소마도 찾아가서 아이들과 놀아 줄 수 있어서 좋았습니다. 저희들은 이렇게 도쿄에 돌아오지만, 그 아이들은 오늘도 학교와 임시주택 안에서 살아야 하는구나라는 생각을 하니, 앞으로도 이 아이들을 위해서 제가 할 수 있는 일을 계속하고 싶습니다.

4. 사별에 어떻게 대처할까

가까운 사람의 죽음을 아이들은 어떻게 받아들인 걸까요. 제2절에서 유아의 사례를 소개했습니다만, 초등학생이 되면 '죽음'을 현실로 받아들일 수 있게 있습니다. 저학년의 경우는 유아와 마찬가지로 아직 받아들일 준비가 되어 있지 않은 것 같았습니다만, 3,4학년 이상이 되면 자신의 역할을 인식하고 죽음을 받아들일 노력을 하고 있었습니다.

1) 죽음을 받아들일 수 없는 A군

초등학교 3학년인 A군은 도저히 엄마의 죽음을 받아들일 수가 없습니다. 9개월 지나도 엄마가 살아 있다고 믿고 있습니다. 유체가 발견되지 않기 때문에 장례식도 가지 않았습니다. 조부모와 아버지도 처음 몇 개월은 A군과 같은 기분이었지만, 6개월 정도 지나자 '장례식을 치러 주고 싶다'고 생각하게 되었습니다. 그렇지만 A군은 '살아 있다'고 믿고 있습니다. 학교도 빠지지 않고 다니고, 집에서도 열심히 도와주는 모습을 보고, 할머니는 A군에게 도대체 언제 말해 주면 좋을지 고심하고 있었습니다.

A군에게는 힘든 일이겠지만, 제대로 된 장례식을 치러 줄 것을 권했습니다. 사람이 가장 힘든 것은 이도 저도 아닌 상태가 지속되는 것입니다. 또, 아이들이 느끼는 1개월은 어른들의 1년과 같다고 합니다. A군은 아직 지진 재해 당시의 기억에서 벗어나지 못하고 있었기 때문에, 불안정한 상태가 길어지면 길어질수록 해리가 일어날

가능성이 높았습니다. 만약 엄마가 돌아오게 된다면 좋겠지만, 지금은 현실을 살아가기 위해서 A군에게 엄마가 죽었다는 사실을 알려 주는 것이 중요하다고 전했습니다.

조부모는 어쩌면 A군이 죽음을 받아들이지 못하는 이유가 자신들의 기분을 의식하고 있기 때문일지도 모른다는 사실을 깨달았습니다. 그리고 장례식을 안 하는 대신 '우리들이 어머니와 얘기하고 싶다'고 말하고 불단을 만들었다고 합니다. 거기에 엄마 사진을 장식하고 가족끼리 매일 기도를 했다고 합니다. A군은 처음에는 그 방에는 들어가고 싶어 하지 않았습니다만, 조부모님을 위해서 그 방의 청소를 도와주게 되었다고 합니다. 아무도 없을 때에는 가만히 불단 앞에서 손을 모으고 있었다고 합니다.

2) 자신의 역할을 열심히 다하려는 B군

초등학교 6학년생인 B군은 지진 재해로 아버님을 여의었습니다. B군은 장남으로 어린 남동생과 여동생이 있습니다. 친정어머니가 친정집으로 피난을 오라고 해서 엄마는 고민했습니다만, B군은 아빠가 자란 이 땅을 떠나고 싶지 않았습니다. 친구와 헤어지는 것도 정말 싫었습니다. 아빠의 장례식을 계기로 갑자기 어른스러워지고, 남동생과 여동생에게 이것저것 지시를 하게 되었습니다. 엄마는 B군이 애써 무리를 하고 있는 것을 알아차렸지만, B군은 '괜찮아. 내가 집을 지켜 줄 테니까. 이 땅을 절대로 떠나지 않을 거니까'라며 애써 괜찮은 척했습니다.

열두 살 나이에 기특하게도 자신이 가족을 지켜야 한다는 사실을 받아들이는 B군. 그 역시 남동생와 남동생과 함께 애처럼 울고 싶을 것이며, 아빠가 있었더라면 이렇게 빨리 일가를 이을 각오를 하지 않아도 되었겠지요. '그렇게 애쓰지 않아도 된단다'라고 말을 건네도, 그에게는 도움이 되지 않습니다. 그는 열심히 살려고 노력하고 있기 때문입니다. 엄마는 B군이 있는 앞에서 친정에 전화를 하고, 이쪽에 남겠다고 전했다고 합니다. B군은 아무 말도 하지 않고 듣고 있었습니다만, 안도의 표정을 지었다고 합니다.

지진 재해로 부모님을 여의고, 갑자기 어른 역할을 해야 하는 아이들은 적지 않게 있습니다. 처음에는 갑자기 어른스러워지려고 해서 억지로 애쓰거나, 자신의 기분을 억누르려고 하는 경우도 있습니다. 주위 사람은 어떻게 하면 좋을지 주저할 것입니다. 그럴 때에는 있는 그대로의 모습을 받아 주고, 아이들이 애써 극복하려고 하는 모습을 지켜봐 주세요. 아무리 애쓰는 아이라도 점점 한숨 돌리고 싶어질 때가 있습니다. 울고 싶어지거나, 누군가를 원망하고 싶을 때가 있습니다. 그럴 때 혼자서 울고 있는 모습을 보게 되면 슬쩍 그 옆에 가서 '그래도 된단다'라고 받아 주세요.

3) 친구의 죽음을 어떻게 받아들일까

중학교 2학년생인 C는 피난소를 다 찾아봐도 발견되지 않는 친구가 신경이 쓰여서 1주일 정도 지났을 때 혼자서 연안 근처까지 갔습니다. 연안부의 상태를 알고 있는 부모님이 절대로 가까이 가지 말라고 말했기 때문에, 말하지 않고 몰래 갔다고 합니다. 시신안치소에서 친구의 엄마를 만나, 친구가 죽었다는 사실을 확인했다고 합니다. 어머니는 C의 이상한 모습을 금방 알아차렸습니다. 표정이 없어지고 식사를 전혀 못하게 되었기 때문입니다. C는 구토와 두통을 호소했습니다. 연안부까지 가는 도중의 주위 풍경과 냄새를 잊을 수 없는 것입니다.

C의 구토의 원인은 자책하는 마음에도 있었습니다. C의 집은 쓰나미의 피해는 없었고 집 안의 물건들이 부서지고 전기나 가스가 안 들어오는 불편은 있어도 가족이 다 같이 살 수 있습니다. 반면에 친구의 가족은 집도 잃고 가족도 친척도 행방불명된 상태입니다. 살아 있는 자신과 집이 있는 자신이 괴로워서 참을 수 없습니다. 살아 있는 자신을 행복하다고 느껴도 좋을지, 친구 몫까지 분발해서 공부나 동아리 활동에 전념해도 되는 것인지, 친구의 가족을 지키기 위해서 무슨 일을 하면 좋을 것인지, 자책하는 날이 계속되었던 것 같습니다.

C의 상태가 호전되기 시작한 것은 봉사 활동을 시작한 이후부터였습니다. 학교 친구들과 함께 뭔가 할 수 있는 일은 없을까 싶어서 이재민들의 식사 준비를 돕기도 하고, 자신들의 방을 정리하기도 하며, 선배와 동료와 이야기를 할 수 있게 되었기 때문입니다. 가족에게는 여전히 죽은 친구에 대해서는 말을 하지 않습니다. 말하지 않는 이유는 아마도 자신만은 가족에게 기대서는 안 된다고 생각하기 때문일 것이라며 엄마는 C가 언젠가 스스로 친구의 이야기를 할 수 있게 되기를 지켜보고 있습니다.

5. 씩씩하게 키우려면

1) 미야기 현 PTA의 대처법

미야기 현 내의 학교 시설의 피해 정도는 80% 이상에 달하고 7월까지도 피난소로 사용된 공립학교는 60곳이 넘었습니다.

미야기 현은 '10년, 20년 후 지역의 주역을 키우기 위한 환경 만들기'를 위해서 아래의 다섯 가지를 모토로 여러 활동을 펼치고 있습니다.

① 복구는 어른들의 책임이다.
② 절대 포기하지 말고 정면 대응하는 '정신'을 기르는 교육환경을 조성한다.
③ 어른이 지진 재해와 맞서 행동하는 모습을 보여 준다.
④ 지역(향토)을 생각하고, 지역의 장점을 전한다.
⑤ PTA(Parent- Teacher Association)뿐만 아니라 지역, 행정이 협력하여 고난에 맞서 살아가는 힘을 지닌 아이들을 키운다.

그 대처법 중 하나로, 쓰나미 피해지구의 PTA와 지원지구의 PTA가 짝을 이루어 지원 체제를 만들었습니다(표 1). 이로 인해 신속하게 서로가 필요한 정보를 주고받을 수 있고, 필요한 지원을 필요한 장소에 보내기 쉬워졌습니다. 또 피해지구에서는 하지 못하는 이벤트를 지원지구에서 실시하고 거기에 피해지구의 PTA를 초대하는 행사도 했습니다.

표 1. 재해지구 PTA와 지원지구 PTA의 연계

쓰나미 피해지구 PTA	연계	지원지구 PTA
게센누마氣仙沼 지구	⇔	구리하라栗原 지구
미나미산리쿠南三陸 지구	⇔	도메登米 지구
이시노마키石巻 지구	⇔	오사키大崎 지구
히가시마쓰시마東松島 지구	⇔	가미加美 지구
시오가마塩竈 지구	⇔	하스다蓮田 지구
다가죠多賀城 지구	⇔	구로가와 지구
미야기宮城 지구	⇔	미야기宮城 지구(리후초利府町 연합)
나토리名取 지구	⇔	모리야마森山 지구
이와누마岩沼 지구	⇔	시로이시白石, 나토리名取 지구
와타리亘理 지구	⇔	가쿠다角田, 자오蔵王, 시바타柴田 지구

출처: 미야기 PTA연합회(2001)

2) 오가와라 초등학교 '지킴이대隊' 활동

2009년부터 미야기 현 오가와라마치大河原町 오가와라大河原 초등학교에서는 보호자와 지역주민의 협력으로 '오가와라 초등학교 지킴이대'를 결성하고 활동해 왔습니다. 이것은 아이들의 등하교 시 안전을 위해서뿐만 아니라, 지역 주민들과 아이들이 친해져서 의사소통을 원활하게 하고, 미래의 거리 만들기에 도움이 되게 하기 위해서입니다. 80명 정도의 대원들이 코스별로 아이들의 등하교 지도를 하고, 사고로부터 아이들을 지킵니다.

이것은 PTA가 협의하는 과정 중에 조금이라도 선생님들의 부담을 줄여 주고자 하는 생각에서 나온 아이디어였습니다. 오가와라 초등학교에서는 PTA의 회의에서나 직원들 사이에 어떤 제안이

나오면 구체적인 실행 계획을 세워 나간다고 합니다.

초등학교에서 보호를 받아 온 아이들은 중학생이 되어서도 인사를 거르지 않고, 아침에 등교할 때는 온화한 분위기 속에 싸인다고 합니다. 이 지킴이대의 발족 이래 교통사고는 감소하고, 수상한 사람들도 사전에 예방할 수 있게 되었다고 합니다.

또 2011년 4월부터 7월 사이에는 이 지역에서 자원봉사를 지원해 주신 분들이 300명 정도로 늘어났습니다. 지진 피해를 입고 생활하는 가운데 가능한 한 아이들에게 학교생활을 평소대로 유지하고, 이럴 때일수록 배움을 실천하기 위한 여러 가지 대처 방안에 협력해 주신 분들이 300명이나 된다는 얘기입니다. 주로 문화 활동이 많고, 아침에 책 읽어 주기, 단가短歌나 하이쿠俳句 지도에서부터 급식 지도나, 탁구와 같은 스포츠 교실 개최, 팽이치기와 같은 전통놀이를 소개해 주었습니다(지바千葉. 2011).

이러한 PTA와 지역의 자주적인 연계 활동을 아이들이 직접 볼 수 있다는 것은 아이들의 자주성을 기르는 데에도 모델링 효과를 발휘할 것이라고 생각됩니다.

3) 유리아게 지구 임시주택에서 아이들을 위한 대처 방안

아이들은 놀면서 활기를 되찾습니다. 미야기 현 나토리 시名取市 유리아게閖上 지구 하코자키箱崎의 임시주택에 설치된 '벚꽃대로さくら大通り'는 아이들이 안심하고 놀 수 있도록 도로를 11시에서 17시 사이에 통행 금지 신청을 한 것입니다. 나토리 시는 해안에 인접하고 있어 3월 11일 쓰나미가 덮쳐 유리아게 지구는 거의 파멸 상태였습

니다. 학교는 피난소가 되어 있기도 하고, 어른들은 복구 작업에 쫓겨 아이들이 안전하게 놀 수 있는 장소가 없어지고, 스트레스도 쌓여 있었습니다.

'벚꽃대로'가 생겨서 차가 안 다니게 되자, 아이들은 자전거로 힘차게 달리고, 술래잡기를 하기도 하며 몸을 마음껏 움직일 수 있게 되었습니다. 임시주택의 대형집회소에는 '어린이공원'을 만들고, 미취학 아동과 노인들이 놀 곳을 마련했습니다. 그 결과 밤에 잠도 잘 자게 되고, 식욕도 돌아와서 여러 가지 일을 할 의욕이 생겼다고 합니다.

4) 파이트 신문

《파이트fight 신문》은 게센누마気仙沼의 피난소의 초·중학생이 하루하루의 모습을 적고 피난소의 사람들에게 힘을 북돋아 주기 위한 것입니다(파이트신문사, 《미야기 현 게센누마 발! 파이트 신문》 가와데쇼보신샤河出書房新社, 2011.7).

규칙은 하나. 암울한 이야기는 쓰지 않는다는 것을 모토로 편집부원들이 매일 일어나는 일들을 기록했습니다. 그날의 식사, 목욕, 자위대의 활동, 지원자의 움직임 등이 생생하게 그려져 있습니다. 아이들의 눈으로 본 매우 귀중한 자료로, 후세에 전해졌으면 합니다.

다음 사진을 봐 주세요. 우측에 적여 있는 날에는 '두 번째 목욕'에 대한 기사로, 목욕을 할 수 있어서 얼마나 기분이 상쾌한지가 적혀 있습니다.

또, 좌측에는 '자위대 사람들로부터 과자를!'이란 제목으로

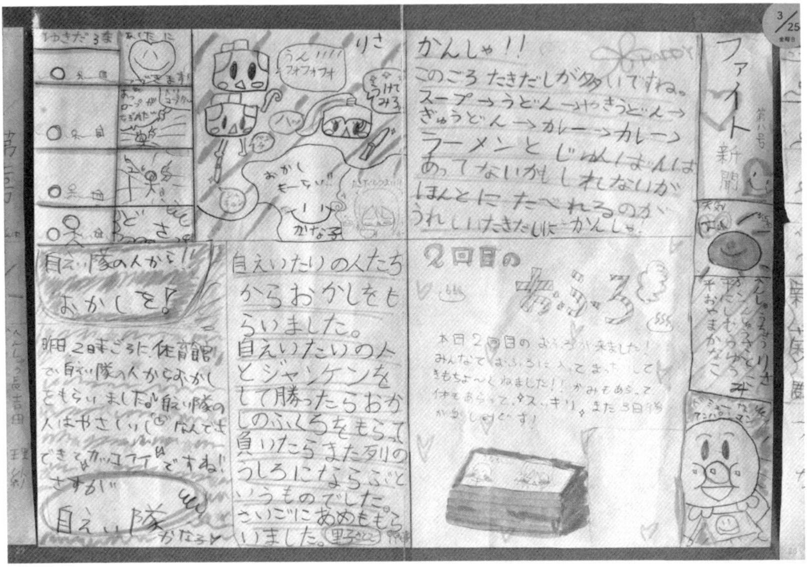

ファイト新聞 第八号

かんしゃ!!
このごろ たきだしが多いですね。
スープ→うどん→やきうどん→ぎゅうどん→カレー→カレー→ラーメンと じゅんばんは あってないかもしれないが ほんとに たべれるのが うれしい たきだしに かんしゃ!

自えい隊の人から!! おかしを!
昨日2時ごろに体育館で自えい隊の人からおかしをもらいました。自えい隊の人はやさしい なんでもできてカッコイイですね! さすが 自えい隊

自えいたいの人たちからおかしをもらいました。自えいたいの人とジャンケンをして勝ったらおかしのふくろをもらって負けたらまた列のうしろにならぶというものでした。さいごにあめももらいました。

2回目の おふろ
本日2回目のおふろが来ました! みんなでおふろに入ってまったりしてきもちよ~くねました!! かみもあらって体もあらってスッキリ。また3日後が楽しみです!

2011년 3월 25일 《파이트 신문》 제8호(파이트신문사, 《미야기 현 게센누마 발! 파이트 신문》, 28-29쪽)

'자위대 사람들로부터 과자를 받았습니다. 자위대 사람들과 가위, 바위, 보를 해서 이기면 과자 봉지를 받고, 지면 다시 맨 뒷줄로 서는 것이었습니다. 마지막에는 사탕도 받았습니다'라고 적혀 있었습니다.

젊은 자위대 오빠들이 단지 배급을 하는 것이 아니라, 어린이들과 놀아 주는 것을 알 수 있습니다. 기다리고 있는 동안에 잡담도 하고, '다음에는 이길 거야!'라고 기합을 넣기도 하고, 간신히 이겨서 과자 봉지를 받았을 때는 성취감으로 가득 찰 것입니다.

또, 박스에서 나눠 주는 것이 아니라, 과자 여러 개를 섞어서 비닐봉지에 넣어 주기까지는 과자를 기부하는 사람, 트럭으로 옮겨 주는 사람, 봉지에 채워 주는 사람, 나눠 주는 사람, 이 밖에도 여러

사람의 손을 거쳐서 그 사람들의 마음도 전달됩니다. 아이들은 물건의 소중함도 함께 배워 갔습니다

5) 가마이시 시의 방재 교육

가마이시 시釜石市의 초등학생, 중학생의 생존율은 99.8.%입니다. 집에 있었던 초등학생 중에는 학교에서 배운 대로 피난소까지 자력으로 피난해서 난을 피한 아이들도 있는가 하면, 밖을 보고 어린 동생을 데리고 물살을 가로지는 것은 무리라고 판단해서 집의 3층으로 올라가 난을 피한 6학년생도 있습니다. 《WEDGE》 5월호에서 가타다 도시타카片田敏孝 씨는 가마이시 시 히가시 중학교의 학생들의 판단력과 행동력을 다음과 같이 전하고 있습니다.

> 가마이시의 우노스마이鵜住居 지구에 있는 가마이시 히가시 중학교. 지진이 나자 학생들은 자주적으로 교정을 빠져나가, '쓰나미가 온다!'라고 외치면서 피난소로 지정되어 있던 '고자이쇼노 사토ございの里'까지 이동했다. 평소에 같이 피난 훈련을 받았던 우노스마이 초등학교의 초등학생들도 뒤를 따랐다. 그런데 피난장소의 뒤편은 절벽이 무너질 것 같았기 때문에 남학생들이 더 높은 곳으로 가자고 했다. 걸어온 길을 돌아보니 쓰나미로 인해 하늘로 이미 연기가 올라가고 있었다. 그사이 유치원에서 피신해 온 유아들과 조우하고, 어떤 사람은 초등학생의 손을 끌고, 어떤 아이는 유아가 타는 유모차를 끌고 달렸다. 고자이쇼노 사토는 파도에 휩쓸렸다. 간발의 차이로 고지대에 도달해서 무사할 수 있었다.

어떻게 이런 판단을 내릴 수 있었던 것일까요? '예상 외의 일을

극복하고 살아 남기' 위한 방재 교육에 대해서 이 가마이시 시 사례를 통해 배우고자 합니다.

아이들은 학교에서 연간 5-10시간 방재 교육을 철저하게 받습니다. 그 내용은 ①쓰나미의 무서움의 실태 알기, ②피난 시의 주의점입니다. 쓰나미의 무서움을 알려 주기 위해 과거에 일어났던 쓰나미의 규모와 희생자 수, 돌아가신 분의 사진을 보여 줬다고 합니다. 쓰나미가, 지진 규모와 발생 지점에 따라 침수예상구 지도hazard map와는 다른 형태로 땅을 모조리 불태워 버리는 모습을 영상을 통해서 보여 주었다고 합니다.

또, 피난 시의 주의점으로는 쓰나미의 속도를 실제로 보여 주고 빨리 대피할수록 생존율이 높다는 사실을 전하고, 침수예상구 지도를 이용해서 자신의 피난장소와 경로를 여러 가지 상황(등굣길, 학원, 친구집에서 집으로 돌아가는 길 등)을 상정해서 만들어 보게 했다고 합니다. 교사용에는 '쓰나미 방재 교육을 위한 길잡이'를 정리해 두었습니다.

이러한 교육이 바로 가능했던 것은 아닙니다. 5년 이상에 걸쳐서 교육기관 관계자와 보호자의 생각을 바꾼 결과라고 합니다.

산리쿠三陸 지방은 옛날부터 지진과 쓰나미가 잦았던 지역임에도 불구하고, 제방만 믿고 있었던 경향이 있습니다. 또, 지진 후에 오는 쓰나미도 실제로는 그 높이가 수십 센티미터 정도로만 반복됐기 때문에 방심하기 쉬웠습니다. 방재 교육은 지진에 대한 의식을 바꾸는 데서부터 시작해서, 거기에 보호자와 학교 선생님을 어떻게 끌어들이느냐가 중요했습니다. 시간을 들여 교육에 종사하는 분들의 생각을 바꾸고, 그 다음에 보호자의 의식을 바꿔 나갔습니다.

예를 들면, 아이들에게 설문조사를 해서 '집에 있을 때 지진이 나면 어떻게 해야 할까?'라고 묻자, '부모님이 돌아오기를 기다린다', '부모님한테 연락한다'라는 대답이 대다수였기 때문에 그 사실을 보호자에게 전달하고, 이 상태로는 지진이 났을 경우 살아남을 수 없음을 자각하게 했습니다. 교육위원회, 학교현장의 교원, 지역주민, 그리고 아이들이 방재 교육의 중요성을 인식했기 때문에, 99.8%의 아이들이 살아남을 수 있었던 것입니다.

그렇다고 해도 희생자 수가 제로는 아니었습니다. 사망한 5명의 초등학생과 중학생은 몸이 아파서 집에 있거나, 옆집에 사는 노인을 도우려고 자신이 희생양이 된 아이들이었다고 합니다. 앞으로는 긴장을 늦추지 말고 방재 교육을 더욱 철저히 할 필요가 있음을 새삼 느꼈습니다.

제 6 장

중학생·고등학생의 마음에 다가서기

혼다 게이코本田恵子
우에하라 미호上原美穂

1. 중학생·고등학생의 피해 정도

사례를 보기 전에, 지진 피해를 입은 중학생과 고등학생들의 피해 정도를 개략적으로 살펴봅시다. 동일본대지진의 희생이 된 도호쿠東北 지역의 3현의 공립 초, 중, 고등학교에 다니는 아이들의 수는 2011년 5월 중순 발표(표 2)에 따르면 행방불명자를 포함하여 500명 이상이나 되었습니다. 그중에서도 미야기 현의 희생자는 마찬가지로 350명이나 되었습니다. 또 3현 모두 초등학생뿐만 아니라 중학생과 고등학생의 희생자 수가 많다는 점에 놀랐습니다. 이것은 하굣길에, 또는 자택에서 쓰나미 피해를 힙은 학생이 많기 때문이라고 사료됩니다.

혼자 있다가 지진 재해를 입은 학생은 그 불안을 지금도 느끼고 있으며, 아이들을 혼자 두고 사망한 가족의 자책감은 이루 말할 수 없습니다. 또 가족과 함께 있다가 재난을 당하고 살아남은 학생들 중에는 쓰나미에 휩쓸린 집에 깔려 있는 가족을 두고 자신은 그 장소에서 도망쳐서 살아남느냐 마느냐의 극단적인 선택을 해야 했던 학생도 있습니다.

가족들이 '빨리 도망쳐', '넌 살아남아야 한다'며 자신을 떠밀었다고 해도 그들의 뇌리에는 이별하는 순간의 가족의 얼굴이 떠나지를 않습니다.

학교 현장에서 대지진 이후 학생들의 마음을 치유하는 데 곤란했던 것은 ①개인에 따라 피해 정도가 크게 다르다는 점과, ②학교 재개 시기가 신학기와 겹쳤다는 점, 그리고 ③물리적인 환경변화에 의한 혼란이 컸다는 점, 세 가지를 들 수 있습니다.

①학교에는 가족을 잃은 학생, 피난소에서 학교를 다니는 학생, 쓰나미로부터 목숨 걸고 도망친 학생도 있는가 하면, 직접적으로 큰 피해를 입지 않은 학생도 있습니다. 각각 자신의 피해 정도에 따

표 2. 동북 3현의 공립 초·중·고등학교의 지진으로 인한 희생자 수(2011년 5월 중순, 단위: 명)

현명	사망					행방불명				
	초등학교	중학교	고등학교	특별	계	초등학교	중학교	고등학교	특별	계
이와테	16	14	39	3	72	5	1	13	0	19
미야기	254	61	67	5	287	29	14	20	0	63
후쿠시마	24	15	25	1	65	비공개				
합계	194	90	131	9	424	34	15	33	0	82

출전:오분사旺文社교육정보 센터에 의함

라 학생들 각자가 느끼는 심리적 부담감도 다릅니다. 게다가 피해 상황의 차이는 학생들 사이에도 영향을 미칩니다. 지리적, 물리적인 환경변화에 더해, 피해 정도의 차이에서 생겨나는 인간관계의 변화에도 적응하지 않으면 안 됩니다.

②게다가 신학기라서, 특히 1학년생들은 부담이 컸던 것 같습니다. 선생님들은 학생 한 명 한 명의 모습을 파악할 수 없습니다. 또한 중학교에서도 고등학교에서도 각 지구별로 모여 온 학생들은 서로 피해 정도를 모르는 채, 친구를 사귀어야 합니다. 도움이 필요한 시기에, 서로 도울 수 있는 친구를 만들어야 했습니다.

③또, 쓰나미 피해에 따른 주거 환경이나 통학 수단의 변화로 인해 여러 가지 영향이 나타났습니다. 주거 환경의 변화로는 쓰나미 피해에 따라 집 안에 사용할 수 있는 공간이 줄어들고, 친척집에서 방을 빌려 생활을 하는 등, 인원 수에 맞지 않는 좁은 공간에서 생활하게 된 가족들이 많이 있고, 가족 간에 발생하는 불만, 갈등이 표면적으로 나타나게 되었습니다. 통학 수단의 변화 때문에, 전차가 안 다녀서 버스로 다녀야만 하는 불편함을 호소하는 학생, 학교에 갈 마음이 안 드는 학생도 볼 수 있었습니다. 또, 단체로 버스 통학을 하게 된 학교에서는 등하교 시의 (학교에 오고 갈 때의) 즐거움이 없어진 탓에, 학교생활에 대한 불만과 스트레스가 고조된 학생들도 많이 볼 수 있었습니다.

모두가 자신의 마음을 어떻게 통제해야 할지 모르는 채 생활을 했습니다. 교원은 그런 학생들을 데리고 어떻게 학교 운영을 하면 좋을지 고민하면서 성심성의껏 학생들을 대해 왔습니다.

2. 카운슬러 파견 사업

미야기 현은 4월 21일 시무식과 입학식을 하였고, 학교가 시작되자 미야기 현 교육청 고등교육과는 카운슬러 파견 사업을 시작했습니다. 이 장을 쓴 필자 중 한 명인 우에하라 미호上原美穂는 이 사업을 통해서 카운슬러로서 약 3개월간 이시노마키石巻 지구에 파견되어, 현립고등학교 2교와 시립고등학교 1교의 1학년생을 담당했습니다.

> 동일본대지진으로 인해 피해를 입은 학생이 받은 심신 스트레스에 대해, 학생 한 명 한 명의 마음을 치유해 줄 필요가 있다. 학생이 정신적으로 안정된 학교생활을 할 수 있도록 지원하기 위해, 임상심리에 관한 고도의 전문지식과 경험을 요하는 카운슬러를 배치,파견하고, 교직원과 연계하여 학생들의 정신건강에 도움을 준다. 특히 막대한 피해를 입은 지역의 학교에 카운슬러를 중점적으로 배치하기 위해 추가로 카운슬러를 파견한다.

이러한 목적 아래, 미야기 현 고등학교에 카운슬러를 긴급 파견했고 전국에서 도합 열한 명의 카운슬러가 각 지구에 파견되었습니다. 내역은 모토요시本吉 지구 5개교(5월 17일-7월 29일)에 5명(사이타마 현埼玉県, 가고시마 현鹿児島県, 히로시마 현広島県, 미에 현三重県, 미야기 현에서 파견), 이시노마키 지구 12교(5월 9일-7월 29일)에 5명(효고 현兵庫県 2명, 나가노 현長野県 2명, 미야기 현 1명), 나토리名取, 와타리亘理 지구 2교(5월 17일-7월 29일)에 1명(미야기 현 내에서) 입니다.

3. 중학생·고등학생의 경과

1) 얼어붙은 마음

지진 재해 후 가족을 잃은 학생과, 학교는 피해를 입었지만 가족은 무사했다는 학생들 사이에 차이가 나타났습니다. 사별은 아이들의 마음에는 심한 충격을 줍니다. 하물며 자신의 눈앞에서 떠내려간 가족, 특히 조부모를 눈앞에서 잃는 것은 10대의 아이들에게는 힘든 경험이었습니다. 부모님이 맞벌이를 하는 집이 많기 때문에, 조부모의 존재는 제2의 부모가 됩니다. 집에 가면 조부보가 맞이해 주는 집도 적지 않습니다. 쓰나미 피해가 막대했던 연안부는 지역 간의 유대관계가 깊기 때문에 주위에 늘 아침, 저녁으로 말을 걸어 주는 사람이 많았습니다.

피해를 입은 중학생들 중에는 자택의 조부모님을 돕다가 돌아간 학생도 있었고, 집 근처 노인과 함께 피신하려다가 미처 달아나지 못한 학생도 있습니다. 또 지진이 났을 경우에는 가족은 신경쓰지 말고 도망치라는 '텐덴코てんでんこ'(산리쿠三陸 지방에서 전해내려오는 말)라는 말처럼 자신만 도망쳐서 살아남은 학생도 있습니다. 살아남은 학생은 자신의 선택이 과연 그걸로 좋았던 것인지 아무에게도 말할 수 없었습니다. 꾹 참고, 울지도 못하고 묵묵히 하루하루를 보내거나 가족을 찾아서 돌아다니는 학생도 있었습니다.

2) 남을 위해서, 무언가를 하고 싶다

1개월이 지나면, 행방불명된 가족을 포기하는 사람도 나타납니다.

중학생, 고등학생은 어린 남동생, 여동생을 돌보기 시작했습니다. 또, 가족 대신 피난소의 노인들을 위해서 할 수 있는 일을 찾아서 활동을 시작하는 학생들도 늘었습니다. 중학생은 특히 '집단 속의 자신'이 심리적인 발달과제이기 때문에, 재해를 입은 아이들도 비교적 피해가 적었던 아이도 '학교와 지역을 위해서 무언가 자신이 할 수 있는 일을 하고 싶다'고 느낀 것 같습니다.

피난소 안에서 중학생의 활약은 어느 피난소에서나 칭찬을 받았습니다. 초등학생과 같이 놀아 주고, 식사 배급을 돕고, 자위대 사람들과 같이 체육관 청소를 하거나, 그렇게 일해도 괜찮겠냐고 주위에서 걱정할 정도로 분주하게 움직였다고 합니다. 손이 빌 때는 자신들이 다니던 중학교에 찾아가 동아리 활동에 필요한 도구를 모으거나 선생님을 도왔다고 합니다. 통신망이 복구되어 휴대전화를 쓸 수 있게 되자 메일로 서로 격려하거나 고민을 이야기했다고 합니다.

한편, 다른 친구들과 잘 어울리지 못한 학생들은 괴로웠던 것 같습니다. 친구들로부터 '죽고 싶다', '괴롭다'라는 메일을 받고 어찌할 바를 몰라 양호 선생님을 찾아와서 상담하는 학생은 신학기 시작이 늦어진 2개월 동안 집에서 고독한 시간을 보낸 것 같습니다. 이 사이에 학습에 대한 의욕도 떨어진 학생도 있었고, 머리를 금발로 물들인 학생도 있었다고 합니다.

3) 5-7월 : 학교가 재개되고, 일상이 돌아오다

1개월 늦게 개학식을 한 후 일상적인 생활로 돌아왔습니다. 학생들에게는 기다렸던 생활입니다. 교과서가 부족하거나, 교구가 떠내려간 학교도 있었습니다만, 점점 전국에서 교구를 지원해 주기 시작했습니다. 학교가 다시 시작된 것은 기쁘지만, 전학가거나, 죽거나, 아직까지 행방불명 상태인 친구들의 책상이 마음에 걸립니다. 원래대로 교실을 쓸 수 있었던 학교도 있는가 하면, 몇 개교가 한 개의 교사校舎를 같이 사용하게 되고, 교실을 나누어서 쓰는 학교도 있습니다. 체육관과 무도장이 피난소로 쓰였던 터라 시간표를 조정하지 않으면 안 됩니다. 선생님들도 지금까지와는 다른 직원 체제로 당혹스러워했습니다. 학생들은 가급적 선생님들에게 폐를 끼치지 않으려고 개인적인 상담을 자제했다고 합니다.

이때 학교에서는 전교생을 대상으로 설문조사를 할지 말지에 대한 논의가 있었습니다. 카운슬러가 파견되어서, 소규모 학교에서는 전원에 대한 청취 조사를 한 곳도 있는가 하면, 대규모 학교 중에서는 조사를 주저한 학교도 있었습니다. 현県에서는 조사를 꼭 해야 한다는 입장이 아니었기 때문에 이 점에 대해서는 각 학교의 재량에 맡겼던 것입니다.

교육위원회가 6월 말에 교육상담 연수회를 실시하고, 혼다本田가 강사로 '학생과 교직원의 심리치료'에 대해서 강의를 했더니 양호교사들로부터 상담이 계속 이어졌습니다.

양호실을 찾는 이용자가 늘어났는데, 어떻게 하면 좋을지 모르겠다는 것입니다. 잠을 못 잔다, 배가 아프다고 호소하는 학생, 두통이나 구토를 호소하는 학생도 늘어났습니다. 수업 중에 멍하니 있는 학생도 늘었고, 선생님들도 가족에 대해서 상담하게 되었다고 합니다.

이 연수회에서 논의가 된 것은 선생님들 스스로도 애써 괜찮은 척하는 것은 아닌가라는 점이었습니다. 피난소 경영, 학교 재개를 위한 준비 등으로 집에 못 가는 선생님도 적지 않았습니다. 자신이 피해를 입었는데도 참고 학교를 위해서 열심히 최선을 다하고 있는 선생님의 긴장감이 학생들에게 전달되었을 가능성도 있습니다. 또, 선생님들도 주위의 친구들이 노력하는 모습을 보고, 어떻게 하면 좋을지 몰랐던 모양입니다. 그러는 사이에 선생님들에게, 특히 신경이 쓰이는 학생들을 대상으로 여름방학 전에 상담을 실시하도록 하는 학교, 설문조사를 하는 학교도 나오기 시작했습니다. 설문조사를 하면 학생들은 처음에는 불안을 많이 토로합니다. 이 불안함 속에는 지진 재해 이전부터 쌓여 있었던 스트레스와 불안도 섞여 있습니다. 초기 대응을 해서 그걸로 진정이 되는 학생과, 계속적으로 치유를 필요로 하는 학생이 있습니다. 또, 학생들은 학교에 오면 덜 불안하다는 안심감을 느끼게 되어 동요가 가라앉는 효과도 있습니다. 그렇기 때문에 7월에 학교 측에 무리를 해서라도 10월 정도까지는 장기적인 치료를 해 줄 것을 부탁했습니다. 우에하라上原가 근무하는 학교에서는 전교생을 대상으로 설문조사를 실시하고, 치유가 필요한 학생들에게는 개별 면담을 실시해서 관련 기관과 연결해 주는 등, 지속적인 지원을 하고 있습니다.

4) 9-10월 : 진로에 대한 불안

6개월쯤 지났을 때부터 양호실 이용 실태에 변화가 보입니다. 진학을 목적으로 하는 학교에서는 주거환경의 변화로 여름방학에 충분히 학습을 하지 못했던 불안으로 인해 진로에 대한 불안이 심해지기 시작합니다. 11월에 실시된 미야기 현 양호교사들의 연수회에서는 등교 거부가 늘거나 부정수소不定愁訴(몸에 이렇다 할 탈이 없는데도 막연히 몸의 어느 한 부분의 고통이나 장애를 호소하는 일)가 늘거나 의욕 감퇴를 보이는 학생과, 변함없이 열심히 하는 학생으로 나뉘는 것을 알 수 있었습니다. 피해 정도의 차이로 어딘가 모르게 학생들 간에 골이 생긴 분위기라는 것입니다.

두통, 복통, 막연한 불안을 호소하는 양호실 이용자가 늘어나는 한편, 멀리서 버스로 통학하거나, 자전거로 통학하는 학생들에게는 사고로 인한 상처가 늘어났습니다. 대형사고로 이어지지는 않았지만, 정신을 놓고 멍하게 있다가 부딪히거나 넘어졌다는 것입니다. 이것도 PTSD 증상의 하나라고 말했습니다. '해리'라고 합니다. 통학 시 주위의 파편 조각을 보면 지진 재해에 대한 일들이 떠오릅니다. 감정은 루프로 연결되어 있기 때문에 감정 정리가 되어 있지 않으면 한꺼번에 여러 뚜껑이 열려 버리기 때문에 괴롭습니다. 뚜껑이 열리지 않게 하기 위해서는 추억을 따로 떼어놓는 수밖에 없습니다. 눈에 보여도 의식적적으로 생각하지 않으려고 하는것입니다. 당연히 판단도 둔해지기 때문에 사고는 늘어납니다. 양호 선생님에게는 간단한 감정을 정리할 수 있는 방법을 전하고, 학생들이 제대로 애도 작업을 할 수 있도록 지원해 줄 것을 부탁드렸습니다. 애도 작업을 진행하는 방법에 대해서는 제1장을 참조해 주세요.

5) 기념일 반응에 대한 준비

향후 걱정되는 것은 기념일 반응입니다. 원래는 돌아가신 분과 함께 축하해야 할 기념일(생일, 정월, 입학식과 졸업식, 성인식 등)을 함께 맞이할 수 없다는 상실감으로 인해 발생하는 여러 가지 반응입니다. 기일에 가장 심하게 나타납니다. 신체, 행동, 사고, 감정에 각각 반응이 생깁니다. 반응은 개인차는 있지만 누구에게나 나타납니다. 돌아가신 분에 대한 애도 작업을 한 사람은 증상도 적지만, 그렇지 못한 사람에게는 여러 생각이 한꺼번에 들기 마련입니다. 반응이 나타날 때에는 누군가가 옆에서 이야기를 들어주거나 안심할 수 있도록 배려를 해 주세요.

특히, 3월에 매스컴에서 재해 현장을 찾아 취재하거나, TV에서 쓰나미 영상이 흐르면 영상을 보고 있기만 해도 플래시백 현상이 나타납니다. 그때까지 건강이 회복되어 있다면 기일날에도 애도 작업을 할 수 있지만, 아직 준비가 덜 된 경우에는 시간을 갖고 지켜봐 주세요(상세한 사항은 제1장 참조).

4. 사례를 통해 배우다

미야기 현의 고등학생의 사례를 통해, 무슨 일이 일어났었는지를 되돌아보고, 앞으로 어떻게 지원을 하면 좋을지에 대해서 생각해 보고자 합니다.

1) 쉬지 않는다, 지진 재해로 인한 상처에 맞서다

A군은 정시제定時制(일과 학업을 동시에 할 수 있는 학교. 주간과 야간에 나누어 수업을 하는 경우가 많음)를 다니는 고등학교 3학년생입니다. 키가 크고 금색 머리카락의, 씩씩해 보이는 한편, 미소를 띄우며 유머를 섞어 가며 느릿느릿 이야기를 하는 학생입니다.

지진이 나고 4개월이 지난 더운 여름날, 야간수업에 맞춰 17시쯤 학교에 왔는데 교실에 가지 않고 양호실 의자에 앉아 있었습니다. 체온계로 체온을 계속 반복해서 재고 있었습니다. 38도 이상의 고열이 계속된 지 3일째의 일입니다. 이날도 열이 있는 듯했습니다. 우에하라上原에게 '선생님, 집을 한 채 허무는 데 며칠 걸릴 것 같아요?'라고 물어 왔습니다. A군은 아침 9시부터 저녁까지 학교에서 적당히 가까운, 쓰나미 피해가 심했던 지역에서 반 또는 전체가 파괴된 집을 해체하는 아르바이트를 하고 있다고 합니다.

'일이 끝날 기미가 안 보여요. (일이) 많아요'라고 본인 나름대로는 열심히 일을 하고 있는 듯했습니다. 한낮에 30도를 넘는 한여름 불볕더위 속에서 일을 하기 때문에, 열이 38도까지 올라도 하루도 쉬지 못했다고 합니다. 병원에도 가려고 하지 않습니다.

그 학생은 필자에게 여러 질문을 하기 시작했습니다. 천천히 살피듯이 '카운슬러는 무슨 일해요? 딴사람들은 무슨 얘기해요?'라고 묻기에, '진로나 사랑'이라고 대답하자 A군 스스로 '지진 지해에 대해서도요?'라고 물었다. 그리고 '모두 남자친구, 여자친구랑 헤어졌다는 둥 궁시렁궁시렁. 시끄러워요. 저는 과거는 생각해 봤자 소용이 없다고 생각해요. 저도 이 지진 때문에 여자친구를 잃었어요'

라며, 지금까지와 변함 없이 담담한 말투로 말을 꺼내기 시작했습니다. 달력을 보고 '벌써 4개월이 지났구나'라고 중얼거리고, 또 체온계를 꺼냈습니다.

38.5도 이상 체온이 오르면 병원에 가겠다고 하곤 열을 다시 재보니 체온계는 38.6도를 가리키고 있었습니다. 그러나 병원에 가려고 하지 않았습니다. 그때 수업을 마친 A군의 친구가 들어왔습니다. A군과 마찬가지로 성격이 좋고, 교원과는 별로 이야기를 하고 싶어 하지 않는 학생입니다. A군은 그의 모습을 본 순간 지금까지와는 달리 눈초리가 날카로워지고 필자를 쳐다보지 않았습니다.

A군은 이렇게 자신의 기분에 뚜껑을 덮은 채, 쉬지 않고 일상을 계속함으로써 자신을 지키고 있는 듯했습니다. 쓰나미로 부서진 집을 해체하는 일을 하면서 A군은 지진 재해, 쓰나미로 인해 입은 자신의 상처와 맞서 싸우고 있는 것일지도 모릅니다.

2) 친구는 어떻게 생각하고 있을까? 감정을 숨기다

B군은 쓰나미로 동아리의 후배를 잃었습니다. 하루는 수업이 시작된 직후에 구토가 나서 컨디션이 안 좋다며 양호실로 달려왔습니다. 이야기를 들어보니, 쉬는 시간에 같은 동아리 친구와 죽은 후배에 대한 이야기를 나누었다고 합니다. 수업이 시작되고 나서도 B군의 머리에는 죽은 후배에 대한 생각으로 가득 차 있고 구토가 났다고 합니다.

지진 재해 당일 오전 중에 동아리 활동이 있었기 때문에 그 후배도 평소대로 연습을 하러 와 있었습니다. 동아리 활동이 끝나고 집에 돌아가는 길에 지진이 닥쳐 고지대로 몸을 피하라는 말을 들었음에도 불구하고 바다 근처의 집에 계신 조부모님이 걱정되어 고지대와는 반대 방향으로 갔다고 합니다. 평소대로라면 동아리 활동이 끝난 후에, 다 같이 근처의 쇼핑센터에 가서 늦게까지 놀곤 했을 텐데, 그날은 모두 다 피곤해해서 평소보다 일찍 집에 돌아가게 되었습니다. B군은 조금만 오래 다 같이 있었으면 좋았을 거라며 이날 일을 몹시 후회하고 있었습니다.

B군에게는 이 후배 외에도 죽은 친구와 안부를 알 수 없는 선배가 있습니다. 그러나 죽은 친구들의 가족이 현재 임시주택에 살고 있기 때문에, 그들에게 미안한 마음이 들어 친구를 보러 갈 수도 없었습니다. 그 때문에 애도 작업을 하는 것이 어려운 상황입니다.

또 친구들과 죽은 친구들에 대해서 더 이야기를 하고 싶어도, 좀처럼 서로의 마음을 터놓고 이야기할 수 없다는 점에 대해서 고민하고 있습니다. 그래서 친구들과 거리감을 느끼고 고독감을 안고 있는 듯했습니다. 지금 당장에는 친구와 지진 재해에 대한 이야기를 꺼내지 못하더라도, 어른이 되어서 나중에 이야기할 수 있게 될지도 모른다고 말하자, 힘없이 허공을 바라보던 눈을 크게 뜨고, 푹 숙이고 있었던 고개를 들고 말쑥한 표정을 지었습니다.

평소에는 얌전하고 밝고 할 일을 알아서 하던 B군이 카운슬링 받으러 온 사실에 담임선생님은 매우 놀랐습니다. 학교에서 생활하는 모습만으로는 알 수 없었던 일들이 있겠구나 싶었습니다. 그 후 B군은 얼마 후에 있을 동아리 대회를 위해 평소보다 더 분발했습니다. 그리고 동아리를 탈퇴한 후에는 자신의 희망하는 진로를 위해 필요한 장학금을 받기 위해 적극적으로 행동을 취하고 있었습니다.

3) 부모님을 슬프게 하고 싶지 않다. 그래서 혼자 운다

밤중에 큰 여진이 있었던 다음 날 아침, 어린이 C는 컨디션이 안 좋다며 양호실에 왔습니다. 지진 재해 이후 3개월이 경과했을 때였습니다만, 주 2-3회는 쓰나미 꿈을 꾸게 되었다고 합니다. C는 집과 가족 피해는 없었지만, 평소에 의지하고 있었던 친구를 잃었습니다. 연안부에 살고 있었기 때문에 지진 재해 이후 계속 그 친구의 안부를 걱정했습니다만, 유체가 학교에 돌아온 사실을 알게 되었습니다.

겉으로 보기에 C는 밝고 친구가 많아 보이지만, 지진 재해 후에는 주위로부터 고립감과 고독감을 느끼게 되었습니다. 그 배경에는 친구들끼리 서로 슬픔을 느끼는 정도가 달랐기 때문입니다.

지진이 일어나기 전에 C는 뭐든지 친구와 가족에게 상의를 했지만, 지진 재해 후에는 그렇게 하지 못하게 되었습니다. 친구들 사이에서는 안치소로 쓰였던 체육관에 가기 싫다는 아이도 있어서 마음속으로는 그렇게 생각하지 않았으면 좋겠다는 반감을 가지고 있었습니다. 왜냐하면 그곳은 C에게는 소중한 친구가 있었던 장소였습니다. 또, 죽은 친구에 대한 이야기를 추억처럼 말하는 친구들을 보고, 자신은 이야기를 하면 슬퍼지기 때문에 말하고 싶지 않았습니다. 또, 부모님과 형제를 잃고도 씩씩하게 학교에 오는 친구들을 보고, 그들에게 자신이 슬퍼하는 모습을 보여서는 안 된다고 생각했습니다.

자신에게는 감당하기 힘든 슬픔을 표현할 곳이 없어 혼자서 끌어안고 있었습니다. 어느 날 저녁, 갑자기 슬퍼져서 어머니한테 갔습니다. 그러고는 안도의 한숨을 내쉬며 울었습니다. 그러나 그 후에는 C가 울면 엄마도 슬퍼지니까 울지 말라는 말을 듣고, 자신의 방에서 소리를 죽이고 울게 되었습니다. C는 슬픔을 혼자서 끌어안을 수밖에 없었습니다. 대지진 이후 수개월이 지난 후에 꾼 쓰나미 꿈은 이것이 원인이었다고 생각됩니다.

그 후 C는 양호실에 카운슬링을 받으면서 지금까지 혼자 끌어안고 온 고독감과 슬픔을 토로하듯 울었습니다. 그러나 지금까지와 변함없이 친구들과 충실한 학교생활을 하고 있는 듯 했습니다.

4) 나, 살아 있어도 되는 걸까? 자책과의 싸움

고등학교 3학년인 D는 집이 쓰나미에 휩쓸려가서 피난소 생활을 하고 있습니다. 지진 발생 후 3개월쯤에는 구토와 두통을 호소하며 양호실로 오게 되었습니다.

D는 집에서 조부모와 함께 있을 때 지진 재해를 입었습니다. 집이 연안부에 위치하고 있었기 때문에, 조부모의 손을 잡고 고지대로 피하려 했습니다. 건물 높은 곳으로 올라가서 그곳에서 조부모님을 위로 끌어당겨서 구하려고 했습니다. 그렇지만 좀처럼 (조부모님을) 구할 수가 없어서, 이 상태로는 D도 쓰나미가 삼켜 버릴 것이라고 생각한 주위 어른들이 D를 설득해서 조부모의 손을 놓았습니다.

그 이후, D는 매일 밤 쓰나미에 휩쓸리는 꿈을 꾸고 있습니다. 그리고 자신은 이대로 살아 있어도 되는 건지 모르겠다는 생각이 항상 머릿속을 떠나지 않는다고 합니다. 사이 좋은 친구는 있지만 목숨과 관련된 이야기를 하면 친구도 난처해할 것 같아서 아무에게도 말하지 않고 마음속에 담고 있었습니다.

카운슬링을 계속 받으면서 조부모님을 구하지 못했기 때문에 자신은 더 열심히 살아야 한다는 심경의 변화가 생겼지만, 상실감과 자책감으로 우는 D는 이제는 집이 된 피난소로 돌아가서는 체육관의 탈의실에서 공부를 계속했습니다

5) 다시는 소중한 물건을 잃어버리지 않을 것이다! 정리에 쫓기는 매일

아이 E의 집은 쓰나미로 인해 침수되고 자기 방에 잘 보관해 두었던 만화책과 CD, 그리고 자신이 그려서 모아둔 일러스트가 쓰나미에 다 젖었습니다. 가족들이 물건을 잘 정리하라며 E를 꾸짖었던 것이 E에게는 큰 스트레스가 되었던 듯합니다.

E는 쓰나미에 젖었지만 남아 있는 자신의 일러스트를 모두 말리고, 한 권의 파일로 정리했습니다. 그러고는 외출할 때에는 반드시 가방에 그 파일과 만화책을 넣고, 어디에 가더라도 항상 들고 다녔습니다. 학교에 올 때에도 반드시 무거운 그 가방을 들고 왔습니다. 지진 재해 후에는 일러스트를 그릴 마음이 안 든다고 합니다.

E는 자신의 생각이 담긴 물건을 빼앗긴 상실감과 자신이 아끼는 물건들을 버려야 한다는 사실에 갈등을 계속했다고 합니다.

또 물건을 잃은 슬픔을 아무도 이해해 주지 않으면, 그 사람을

못 믿게 되었습니다

그러나 E는 없어진 물건에 대한 이야기를 하면서 그 생각을 정리함으로써, '아끼던 물건을 버리'고, 새로운 일러스트를 그려서 보여 주러 오게 되었습니다. 계속되는 여진으로 아직은 소중한 물건이 든 가방을 집에 놓고 외출하지는 못한다고 합니다.

6) 무엇부터 시작하면 되지? 학교생활로 인해 밀려오는 부담.

고등학교 1학년생인 F는 지진 재해와 쓰나미의 피해는 입지 않았습니다. 순조롭게 새로운 생활을 보내고 있는 듯했습니다만, 6월 후반 고등학교에 입학한 후, 처음으로 시험이 끝났을 때쯤 컨디션이 안 좋아졌습니다.

F는 취주악부에 속해 있습니다. 시험이 끝난 3주일 후에는 취주악부 콘테스트, 그리고 학교 축제가 계속되었습니다. 그리고 또 한 번의 시험이 있습니다.

첫 번째 시험이 끝난 직후 F는 후련해하기보다는, 앞으로 계속해서 있을 학교 행사에 대한 생각으로 부담을 느끼기 시작했던 것 같습니다. '뭐부터 해야 할지 모르겠다'며 말하곤 울면서 양호실을 찾아왔습니다.

F는 학교에 입학 후, 어떻게든 해내야 한다며 필사적으로 참고 버텨 온 것 같습니다만, 무사히 시험이 끝나자, 피곤함이 한꺼번에 몰려와 긴장이 풀어졌던 것 같습니다. 또, 일자리를 잃은 부모님을 생각하자 학교에서 공부를 하고 있는 자신에 대한 죄책감이 들었다고 합니다.

수업이 평소보다도 1개월 늦게 시작되었기 때문에, 학생들은 일상생활의 리듬이 깨졌을 뿐만 아니라, 평년과는 달리 짧은 기간 동안에 계속해서 해야 할 행사들을 치러 가는 것이 큰 부담이 되었다고 합니다. 또한, 가족이나 자신을 지켜 주고 있었던 어른들이 상처를 받아서 자신도 하루빨리 어른이 되어야 한다는 초조함이 생기고, 눈앞에 닥친 고등학교 생활에 집중하기가 힘들었던 모양입니다.

5. 학생의 마음에 다가서려면

'도호쿠 지역 사람은 참을성이 강하다고들 하지만, 그렇지 않다. 모두가 말로 하지 않을 뿐 할 말을 잃은 상태야.' 필자가 부임한 재해 현장에 있던 교원은 이렇게 말해 주었습니다. 지진 발생 후 학교에서는 많은 학생들, 교원이 각자의 기분을 말로 표현하지 못하고 안에 끌어안고 있었습니다. 학생들에게 집과는 달리 학교는 안심할 수 있는 곳입니다. 그래서 학생들의 치유에 대한 필요성이 잘 보이지 않을 수는 있지만, 사례에서 알 수 있듯이 한 명 한 명이 느끼는 상실감과 자책감은 매우 크고, 숨길 수 있는 것이 아닙니다. 그렇지만 어떻게 그 체험과 생각을 다른 사람과 공유하면 좋을지를 모르는 채로 있습니다. 상처받은 마음속 깊은 곳에 있던 생각을 받아들이고, 함께 느끼면서 이겨내려고 하는 한 명 한 명의 힘을 누구보다도 믿고 그들에게 다가가 주는 존재가 되는 것이 카운슬러의 임무라고 느꼈습니다.

그렇다면 어떻게 하면 그들의 마음에 다가갈 수 있을까요. 부임해서 바로 느낀 것은 '재앙을 현지에서 체험하지 않은 자신이 선생님과 학생들의 기분에 다가설 수 있을까'라는 것입니다. 우리들이 주의했던 것은 '결코 아는 척하지 말자'는 것이었습니다.

한 특별지원학교의 고등학생이 말했습니다. "모두, '괴로웠지, 슬픈 거 알아'라고 말하지만, 괴로운 것은 저예요. 제가 쓰나미로 일곱 번이나 죽을 뻔했던 것을 여러분들은 몰라요. 뭘 안다고 그러세요?" 그 학생의 말 그대로라고 생각합니다. 우리들은 그들로부터 눈을 피하지 않고, '그래요. 못 봤어요. 그러니까 가르쳐 줘요. 지금 이렇게 살아 있는 너에게 무엇을 할 수 있는지를 생각하고 싶어요'라고 솔직하게 전하자 '엄마가 없어요. 찾아 주세요'라고 말하고 우리들의 손을 꽉 잡았습니다.

제가 할 수 있었던 것은 상담실을 찾아 온 학생들의 이야기에 가만히 귀를 기울이고 '그걸로 됐어'라며 지금 그들의 상태를 같이 확인하는 것이었습니다. 따라서 이야기를 꺼내기까지 시간이 걸리고 이야기한 후에 평소 생활로 돌아가는 데도 시간이 걸렸습니다. 서두르지 말고 본인의 페이스대로 하고 싶은 말을 다할 수 있는 공간으로 만들려고 노력했습니다.

또 교내를 돌아다니며 혼자 있는 학생이나 말하고 싶어 하는 학생에게 다가갔습니다. '이런 일 가지고 상담실에 가면 안 된다'고 참는 학생이 많이 있기 때문에, 교내를 산보하는 것은 학생과 서로 알게 되거나 학생의 말을 잘 들어 줄 수 있는 좋은 기회가 됩니다. 또 직원실에서는 특히 신경이 쓰이는 학생들의 동태를 먼저 물어보기도 하고, 선생님의 사소한 불평에 귀를 기울이기도 하고, 상담실에서 전하는 메시지를 전달했습니다. 3개월이라는 한정된 기간 안에 할 수 있는 것은 응급처치와, 지속적인 지원으로 이어질 수 있도록 하는 역할입니다. 학생들이 조금이라도 이야기를 하면 속시원해할 수 있는 장소를 제공함으로써, '울어도 괜찮단다', '넌 혼자가 아니란다'라는 메시지를 전하고 싶었습니다. 필자(우에하라)를 지지해 준 카운슬러 동료들과 대학 후배들도 있어서, 상담실에는 촉감이 부드러운 인형과 그림책 등 마음을 편안하게 해 주는 물건을 놓을 수 있었고, 우에하라가 취한 대처법이 과연 옳았는지에 대해서도 점검할 수도 있었습니다.

일선에 있을 때에는 자기 자신을 정리할 시간이 소중하다는 점을 통감합니다. 한 명 한 명의 이야기는 매우 중요하고, 그 슬픔은 간단히 치유될 수 있는 것이 아닙니다. 그렇지만, 이를 악물고 스스로 안고 가려는 학생들을 돕는 것이 자신의 역할이라고 여기고, 일단은 저 스스로가 안정된 모습을 보일 수 있도록 신경을 썼습니다. 그들의 기분을 중립적으로 받아 주고 안정을 취하고 있을 수 있는 공간을 만드는 것, 단지 그 하나가 얼마나 어려운 일인지를 통감했습니다. 그만큼 한 명 한 명의 체험은 중요했던 것입니다.

다행히 날을 거듭하면서 친구들과 함께 또는 혼자서 상담을 받으러 오기도 하고, 선생님한테 소개를 받아서 상담실에서 말을 하는 학생들이 늘어났습니다.

7월 전에는 선생님들이 '잠깐 괜찮니?'라고 들러서 자신의 가족 얘기를 하고, 정리를 했습니다. 불과 3개월이었지만 그때까지는 카운슬러의 배치 상태에 따라서 한 달에 두 번 정도밖에 운영되지 않았던 상담실에 주 2-3회 상담원이 있는 것만으로도 학생들이 안심한다는 점을 실감할 수 있었습니다. 지금도 양호선생님들을 통해서 제가 부임했던 학교에 대한 소식을 듣고 있기 때문에 앞으로도 제가 할 수 있는 지원을 계속해 나가려고 합니다.

참고문헌

American Psychiatric Association(高橋三郎·大野祐·染矢俊幸訳, 2003),《精神障害の診断と統計の手引き(DSM-IV-TR)》, 医学書院.

旺文社教育情報センター(2011),〈大震災2か月ー東北3県の公立小·中·高生の死者424人, 行方不明82人以上!〉, http://eic.obunsha.co.jp/resource/topics/1105/0501.pdf.

片田敏孝(2011),〈小中学生の生存率99.8%は奇跡じゃないー特集'想定外', を生き抜く力〉,《WEDGE》, 5月号.

蟹江杏·佐藤史生編, 福島相馬の小学生たち·絵(2011),《ふくしまの子どもたちが描く あのとき, きょう, みらい.》, 徳間書房.

鴨川光(2011),〈みんなで遊ぼう〉, http://blog.goo.ne.jp/torrino_hito.

千葉英一(2011),〈地域とともに児童をはぐくむ学校を目指してー'見守り隊', の活動を通して〉, 平成23年度宮城県PTA指導者研修会, 配布資料.

奈須野毅(2011),〈今, 宮城県PTA連合会ができること〉, 平成23年度宮城県PTA指導者研修会, 配布資料.

ファイト新聞社(2011),《宮城県気仙沼発 ファイト新聞》, 河出書房新社.

本田恵子(2001),《脳科学を活かした授業をつくるー子どもが生き生きと学ぶために》, C.S.L学習評価研究所.

本田恵子(2001),〈PTSDとはどういうことか〉,《月刊 学校教育相談》, 9月号, ほんの森出版, 20-26頁.

本田恵子·植山起佐子(2001),〈事件·事故·災害時の危機介入のための資料室〉, http://sheport.co.jp/site/mcpo/materials/.

宮城県高校教育課(2009),〈宮城アドベンチャープログラム〉, http://www.pref.miyagi.jp/koukyou/map/mapindex.html.

村田隆則(2011),《震災時における七郷小学校における取り組み》(財), 次代の教育を共に拓く会·日本学校心理学会·同宮城支部主催〈次世代の教育セミナー·被災した子供を元気に!〉(2011年 7月 9日), 資料.

朝日新聞(2011),〈子どもに遊び場を〉, 3月24日朝刊.

毎日新聞(2011),〈東日本大震災ー顔が水より冷たく…被災児童が日記〉, 4月 25日 朝刊.

毎日新聞(2011),〈津波を絵手紙にー母失った小学生の兄弟〉, 2011年 5月 12日.

読売新聞(2011),〈出身学生が学習教室〉, 8月 21日.

사진 제공 : 센다이시仙台市 시치고七郷 초등학교
본문 일러스트 : 시로쿠마 디자인, 요코 하루카横春賀

〈지진재해 이후를 생각하다〉 시리즈 간행에 부치는 와세다대학 출판부의 발간사

2011년 3월 11일 발생한 동일본대지진은 거대 지진과 쓰나미에 원전사고가 복합적으로 작용하여 인간의 상상을 초월하는 피해를 초래하였으며 그 충격은 전 세계를 경악시켰습니다. 이번 재해는 사람들의 사고방식과 행동 그리고 전제가 되는 제도에 대해 되묻는 계기가 되었고, 개인·조직·사회의 모든 면에 걸친 새로운 연구와 지식창조를 요구하는 사건이기도 하였습니다.

이러한 상황 아래, 일본을 대표하는 지적 공동체인 와세다대학에서는 지체없이 부흥지원을 위한 여러 가지 행동을 취하였고, 동일본대지진 부흥연구 거점을 설립하였습니다. 또한 자원봉사자 파견을 비롯하여 재해 관련 연구와 이를 지원하기 위한 프로젝트를 활발히 전개해 나갔습니다.

와세다대학 출판부는 지식의 창조·보급·보존이라는 대학의 사명을 실현하기 위해 힘을 보태고자, 새로운 시리즈로서 와세다대학 Booklet 〈지진재해 이후를 생각하다〉의 간행에 착수하였습니다. 이 기획은 대진재의 참극을 딛고 일어서야 할 이재민들의 생활과 그들을 지원하는 활동, 그리고 이를 지지하는 연구 속에서 새로운 지식의 탄생을 모색하여, 그것을 관찰→분석→설명→행동…의 모든 단계에서 가능한 한 실시간으로 널리 사회에 제공하고자 하는 것입니다.

지식창조에는 완성이라는 것이 없고 늘 다음 단계의 과제를 향하게 마련입니다. 그런 까닭에 이 시리즈는 잡지의 기동성과 서적의 체계성을 겸비한 경쾌한 소책자 형태를 선택하였습니다. 또, 전문가와 실무자·시민·학생 등 각 계층이 읽기 쉽도록 편집하였고, 아울러 와세다대학이 포함하는 광대한 분야에 걸맞게 여러 가지 영역의 연구·지원 활동의 성과가 수록되었습니다. 후일 재해 극복과 부흥의 이야기들이 기쁨으로 회자될 때, 우리는 이러한 업적이 축적되어 크나큰 지식으로 가득 찬 백과사전으로서 많은 사람들에게 읽히기를 기대합니다.

부디 이 프로젝트에 독자로서, 그리고 저자로서, 참가해 주시기를 부탁드립니다.

2011년 11월
와세다대학 출판부

■ 혼다 게이코本田恵子

와세다대학 교육·총합과학학술원 교수
콜롬비아대학 교육학 박사(전공: 임상심리학·교육심리학)
주요 저서:《포괄적 학교상담의 이론과 실전》(편저, 가네코쇼보, 2010),《신경질 잘 내는 아이들의 화 다스리는 법》(혼노모리출판, 2010) 외

■ 우에하라 미호上原美穂(제5장 공동 집필)

와세다대학 대학원 인간과학연구과 박사 후기 과정(전공: 교육심리학)
나가노 현 교육위원회 학교상담사
주요 저서:《나가노의 도전—민·관·학 협동의 외국 국적 주민 학습 지원》(공저, 시나노마이니치信濃毎日신문사, 2008)

■ 김정민金廷珉

(현) 경일대학교 외국어학부 조교수
고려대학교 일어일문학과 졸업
도호쿠東北대학 국제문화 박사(전공: 현대일본어문법·대조언어학)
마쓰야마松山대학교 인문학부 외국인특임강사

동일본대지진과 핵재난—와세다 리포트 6

피해지역 아이들의
마음에 다가서기

초판발행 1쇄 2013년 3월 11일

편저자 혼다 게이코
옮긴이 김정민
펴낸곳 고려대학교출판부
www.kupress.com
kupress@korea.ac.kr
136-701 서울특별시 성북구 안암로 145
02-3290-4230, 4232
Fax 923-6311

찍은곳 내일기획

ISBN 978-89-7641-806-7 04330
ISBN 978-89-7641-800-5 (세트)

값 8,000원

* 잘못 만들어진 책은 바꿔드립니다.